Knowledge of Bread

パンの図鑑

井上好文 監修

Introduction
パンの奥深さを知れば、食べる楽しみも増す

Part 1
世界のパン
113種をたずねる

MAP 日本で手に入る世界のパン……………14

ドイツ

ヴァイスブロート	20	ロッゲンザフトブロート	38
セーレン	22	ロッゲンフォルコンブロート	40
ローゼンヴェッケン	24	プンパニッケル	42
ラウゲンブレッツェル	26	シュトーレン	44
ヴァイツェンミッシュブロート	28	ロジーネンブロートヒェン	46
シュヴァルツヴァルトブロート	30	ストロイゼルクーヘン	47
ミッシュブロート	32	ベルリーナプファンクーヘン	48
ベルリーナラントブロート	34	モーンシュネッケン	50
ロッゲンブロートヒェン	36	ヌスシュネッケン	51
フィンシュガウアー	37		

オーストリア

カイザーゼンメル	54	ヌスボイゲル	60
ワッハーワー・ライプヒェン	56	ヴィエナー・クーゲルフップフ	62
ゾンネンブルーメン	58	クランツクーヘン	63
ザルツシュタンゲン	59	ヴィエナーブリオッシュキプフェル	64

トプフェンプフテル ……………… 65

スイス

ツォップ ……………………… 66　マイチバイ …………………… 69
テッシーナブロート……………… 68

フランス

バゲット …………………… 72　パン・ド・カンパーニュ ………… 84
バタール …………………… 74　パン・オ・ルヴァン …………… 86
パリジャン ………………… 76　パン・ド・ロデヴ ……………… 88
フィセル …………………… 77　パン・リュスティック ………… 89
ブール ……………………… 78　パン・コンプレ ………………… 90
エピ ………………………… 79　パン・オ・ノア ………………… 91
タバチェール ……………… 80　パン・ド・ミ …………………… 92
シャンピニオン …………… 81　ブリオッシュアテット ………… 94
フォンデュ ………………… 82　クロワッサン …………………… 96
クッペ ……………………… 83　パン・オ・ショコラ …………… 98

イタリア

チャバッタ ………………102　パネットーネ ………………108
フォカッチャ ……………104　パンドーロ …………………110
グリッシーニ ……………106　コロンバ …………………111
ロゼッタ …………………107

デンマーク

ティビアケス ……………114　コペンハーゲナー …………118
トレコンブロート……………115　スパンダワー ………………120
ラージクリンゲル…………116　チョコボーラ ………………121

フィンランド

ルイスリンプ ………………124　ハパンリンプ ………………126

3

| ペルナリンプ | 128 | フィアデンリング | 131 |
| ハパンレイパ | 130 | カレリアンピーラッカ | 132 |

イギリス

| イングリッシュマフィン | 134 | スコーン | 138 |
| イギリスパン | 136 | | |

ロシア

| ピロシキ | 140 | 黒パン | 142 |

トルコ

| エキメキ | 144 | ラバシュ | 147 |
| ピデ | 146 | | |

中近東

| シャミー(ピタ) | 148 |

アメリカ

ベーグル	150	ドーナツ	158
バン	152	シナモンロール	160
サンフランシスコサワーブレッド	154	ホワイトブレッド	162
マフィン	156	ホールウィートブレッド	163

ブラジル

| ポンデケージョ | 164 |

メキシコ

| トルティージャ | 166 |

インド

ナン ………	168	バトゥーラ ………	171
チャパティ ………	170		

中国

饅頭 ………	172	花巻 ………	175
中華饅頭 ………	174		

日本

角食パン ………	178	コロネ ………	186
コッペパン ………	180	ジャムパン ………	188
カレーパン ………	182	クリームパン ………	189
あんパン ………	184	メロンパン ………	190

Part 2
材料や作り方から見る
パンのこと

パン作りに必要な材料

粉 ………	199	卵 ………	208
パン酵母・発酵源 ………	202	砂糖 ………	209
発酵種 ………	204	油脂 ………	210
水 ………	206	乳製品 ………	214
塩 ………	207	トッピング ………	216

パンの製法

ストレート法 ………	218	ノータイム法 ………	219

中種法 ·············· 219	ポーリッシュ法 ·········· 221
サワー種法 ··········· 220	老麺法 ················ 221
オーバーナイト中種法 ··· 220	

基本のパン作り

手ごねバターロール ·················· 222

パン屋さんの食パン ·················· 237

パン屋さんのフランスパン ············· 250

Part 3
パンにまつわる
エトセトラ

パンをおいしく食べるコツ ············ 266

パンの歴史 ························· 270

パン作りの用語集 ··················· 276

Column

ヨーロッパのパン事情part1 ············· 12

2種類あるデニッシュ生地 ············· 192

パンの切り方と食感 ················· 194

生地の成形方法と食感 ··············· 248

ヨーロッパのパン事情part2 ············ 274

参考文献

・知識ゼロからのパン入門（幻冬舎）
・ドイツ国立製パン学校講師による ドイツ製パン（日本パン技術研究所）
・西ドイツのブロートとブロートヒエン（日本パン技術研究所）
・パン「こつ」の科学（柴田書店）
・パンシェルジュ検定 3 級公式テキスト（実業之日本社）
・パンシェルジュ検定 2 級公式テキスト（実業之日本社）
・パン入門（日本食糧新聞社）
・パンの基本大図鑑（講談社）
・パンの事典（旭屋出版）
・フランスパン（駿河台出版社）
・フランスパン・世界のパン 本格製パン技術（旭屋出版）
・マイスターによる オーストリア製パン（日本パン技術研究所）
・焼きたて パンの図鑑（主婦の友社）

本書は、『新版　パンの図鑑』（平成 29 年 1 月／マイナビ出版刊）を改題・再編集し、文庫化したものです。

プレゼントが当たる! マイナビBOOKS アンケート

本書のご意見・ご感想をお聞かせください。
アンケートにお答えいただいた方の中から抽選でプレゼントを差し上げます。
https://book.mynavi.jp/quest/all

パンの奥深さを知れば、
食べる楽しみも増す

世界中で作られているパンの種類は、
5000とも6000ともいわれます。
そのうち、数百種は日本でも手に入り、
本場で修業を積んだ職人も多数。
日本はパンに関して、とても恵まれた環境です。

それぞれのパンにある背景とは、
おいしさとは、作り方の秘密とは――
この本では、知るほどに興味深い、
パンの世界を紹介します。

パンの基本は、粉、パン酵母、水、塩。
それらの配合や副材料の配合量、あるいは焼き方などを
変えることで、さまざまなバリエーションが生まれます。
パンの断面には、粉、水や油脂の量の違いなどがあらわれ、
そこには、職人たちの工夫が詰まっています。

お気に入りのパンを買ったら、
いろいろな方法で、パンを楽しみましょう。
コーヒーといっしょにそのままいただいたり、
具材をはさんでサンドイッチにしたり、
パンを器にしてシチューを入れたり……。
朝昼晩、パンは食卓に彩りを添えてくれます。

自分で作って、
焼きたてをいただくのも、
また格別のおいしさ。
基本のロールパンから
挑戦してみるといいでしょう。

パンを味わう、
買う、
作るための、
さまざまな知識。
この本を読み進めるほどに、
パンの魅力が
広がっていきます。

Column

part 1
ヨーロッパのパン事情

パン屋さんの形態は、国によって実にさまざま。
「パンの国」とも呼ばれる本場ドイツの
パン屋さん事情を探りました。

　1人当たり年間80kgものパンを食べるドイツには、約1500種のパンがあるといいます。また、パン好きな国民性ゆえ、朝食べるパンは朝買いに行くという、焼きたてを求める傾向があるようです。

　そのこだわりは、パン屋にも反映されています。例えば、焼きたてパンの提供体制。ドイツの食卓に欠かせない、カイザーゼンメル（p.54参照）やローゼンヴェッケン（p.24参照）などは、最終発酵を終了した冷凍生地が用意され、一日中焼かれています。小型パンは、焼き上がりから2時間程度がおいしいとされているため、この体制がとられているのです。

　パンの種類が豊富で、おいしいパンが食べられる環境があるからこそ、パンを好む人が多く、需要も安定する。そんな好循環は、ドイツのパン屋さんの工夫が生んでいます。

この店は、ずらりと並んだパンのなかから、ほしいものを伝え、店員さんがとってくれるシステム。また、ドイツでは、雑穀を使ったパンや、Bio(オーガニックのパン)がブームで、パンを焼いている場所が客から見える、「フロントベーキング」もトレンドのひとつ。

Part1 のデータの見方

● p.22からの「data」の「タイプ」では、基本的に粉、パン酵母、塩、水を主原料とし、バターや卵などの副材料が少量のものを「リーン系」、副材料を多めに含むものを「リッチ系」と分類しています。

●「サイズ」は、協力店による商品を本書編集部で計測したもので、お店によってさまざまなサイズがあります。

● 配合例は監修者の協力のもと、編集部で独自に調べた一般的とされる例で、協力店の商品のものではありません。また、配合例中の「パン酵母」は生イーストの使用例です。おきかえる場合、ドライイーストは1/2、インスタントドライイーストは1/3が基準となります。ただし、ドライイースト、インスタントドライイーストは砂糖が多い生地の発酵力は劣るため、注意が必要です。

● お店によってパンの名称や形態などは、本書掲載のものと異なる場合もあります。

● メイン写真の説明文のアルファベットは、p.288－291のパン協力店一覧と対応しています。また、アルファベットがないものは、参考商品です。

掲載している情報は『新版　パンの図鑑』を元にしたものです。取扱いのパン、商品の内容などは変わることがあります。

日本で手に入る世界のパン

お米が主食の日本でも、
食卓に欠かせないパン。
日本では、本場で修業をした
職人たちによる、
世界中のパンが手に入ります。
実は、これほどに多くのパンが
手に入るのは、他国では
例を見ない、恵まれた環境です。
地図上に示したのは、
その国々でポピュラーなパン。
その土地によって、
豊富にとれる穀物が異なるため、
それが各国のパンの個性になります。
また、その国ならではの伝統的な調理法が、
パンにあらわれています。
さまざまな国のパンの特徴を、見ていきましょう。

Europe
German Bread

ドイツのパン

分類ごとに異なった
酸味や食感を楽しむ

　ドイツは、世界でも特にパンの種類が多い国で、その数は大型パンで300種類以上、小型パンや菓子パンは1200種類以上あるといわれています。ドイツのパンといえば、黒くてずっしりと重みのあるライ麦パンが代表的。特に北部の地域では、寒さに強いライ麦の栽培が盛んなため、ライ麦パンが主流となりました。一方南部では、北部に比べて小麦の栽培量が多いことから、小麦粉を使用したパンが豊富に作られます。

ライ麦パンの特徴といえば酸による香りと風味。これは、ライ麦粉を使用したパンのふくらみを少しでもよくすることが目的で、サワー種を加えて発酵させるからです。このサワー種が酸味のもととなり、ライ麦粉の配合が増えるほどサワー種も多く配合され、酸味が強くなります。

　ドイツのパンは、生地に使用する粉の配合率や種類によって、いくつかに大別されます。小麦粉を90〜100％配合したものは「ヴァイツェンブロート」、小麦粉を主体にライ麦粉を配合したものは「ヴァイツェンミッシュブロート」。小麦粉とライ麦粉を同量使用すると「ミッシュブロート」、ライ麦粉を主体に小麦粉を配合したパンは「ロッゲンミッシュブロート」、ライ麦粉90〜100％になると「ロッゲンブロート」と呼ばれています。また、粗挽き粉を使用すると「シュロートブロート」、全粒粉を使用すると「フォルコンブロート」と呼ばれ、その他、パンを意味する「ブロート」という単語も、小型のパンになると「ブロートヒェン」と呼び名が変わります。

　ずっしりとしたタイプのパンは保存がきき、スライスしてさまざまな料理に添えられます。一方小型パンは、ドイツのパン屋さんでは常に焼きたてが並んでいて、買ってすぐにその食感を楽しむのが本場流です。

Europe 🇩🇪 Germany

日本人の好みに合うドイツの白パン
Weissbrot

ヴァイスブロート

しっかり焼きこまれているかどうかがおいしさのポイント。焼き色が濃いめのものがおすすめ。/f

配合例
フランスパン専用粉：100%
パン酵母：3%
砂糖：1%
食塩：2%
マーガリン：1%
モルトシロップ：0.3%
ビタミンC：20ppm
水：57%

data	
カテゴリー	ヴァイツェンブロート
タイプ	リーン系・直焼き・食事パン
主要穀物	小麦粉
写真のパンのサイズ	長さ38cm×幅14cm×高さ7.5cm　重さ496g
発酵法など	パン酵母による発酵。

　小麦粉100％で作られる白パンで、ヴァイスは「白」という意味。数％のライ麦粉が入ることもある。もともとは小麦の栽培が盛んな南ドイツで好んで食べられていたが、最近ではドイツ全土で食べられている。

　クラストはパリッと香ばしく、クラムはやわらかい食感で、その軽さが日本人の趣向に合う。食事に添えたり、トーストしてバター、ジャム、チーズをぬったり、サンドイッチにも用いられる。ふんわりとした口当たりのため、歯ごたえのあるハムなどより、やさしい食感のものと合わせたい。

　上にケシの実やゴマがトッピングされたものも多く、形は丸形、なまこ形、ワンローフ形で上部に編み目模様がついたものなど、さまざま。色が濃いめの小麦粉を使用した「ハルブヴァイスブロート」というパンもある。

Europe 🇩🇪 Germany

あっさり味でトッピングが引き立つ

Seelen

セーレン

キャラウェイシードや粗塩の
ほかに、ゴマやチーズなど、
お店ごとにさまざまなトッピ
ングがある。/f

配合例
フランスパン専用粉：100％
パン酵母：1.3％
食塩：2％
水：75％

Europe 🇩🇪 Germany

data	
カテゴリー	ヴァイツェンブロート
タイプ	リーン系・直焼き・食事パン
主要穀物	小麦粉
写真のパンのサイズ	長さ26cm×幅6cm×高さ5cm　重さ91g
発酵法など	パン酵母による長時間発酵（4時間以上）。

　水をたっぷり使用した小麦の小型パンで、近年ドイツで人気が高い。ドイツ南西部のシュバーベン地方で作られ、本来は万霊祭に食べるために作られていた。水の配合を多くすることで、使用する小麦粉を少量におさえようとした先人の知恵がうかがえる。

　水分が多く、こねた生地はやわらかくベタベタしているので、手をぬらして成形を行う。長細く、少しねじりの入った形で、表面にキャラウェイシード（ザワークラウトを作る際などに用いられるスパイス）や粗塩をトッピングするのが基本。クラストは厚めでカリッとしていて、クラムはコシがありもっちりとしている。多めに加えた水は、デンプンが糊化する力を高め、クラムのもっちりとした食感を生む。

　食事に添えても、ワインやビールのおつまみにしてもよい。上下半分にスライスして、オープンサンドにするのもおすすめ。

小型で食べやすいバラの形
Rosenwecken
ローゼンヴェッケン

配合例
フランスパン専用粉：100%
パン酵母：3%
食塩：2%
マーガリン：1%
モルトシロップ：0.5%
ビタミンC：30ppm
水：約60%

おいしく焼けたものはツヤがあり、茶色がかった黄金色。表面にチーズなどのトッピングが加わることも。

Europe — Germany

data	
カテゴリー	ヴァイツェンブロート
タイプ	リーン系・直焼き・食事パン
主要穀物	小麦粉
発酵法など	パン酵母による発酵。

　小麦粉を主体とした同じ生地でも、ドイツやオーストリアには
さまざまな小型パンがある。代表的なものが、カイザーゼンメル
(p.54参照)やローゼンヴェッケン。南ドイツでは、小型パンをゼ
ンメル、あるいはヴェッケンと呼ぶ。ローゼンヴェッケンはバラの
花の形をしているのが特徴で、「ローゼンブロートヒェン」、「キーラー
フェットゼンメル」と呼ばれることもある。

　焼きたては、クラストがサクサクとしていて軽い食感。時間がた
つとクラムの水分がクラストに移り、ゴムのように硬くなってしま
うため、本場のパン屋さんには、焼き上げてから2〜3時間以内
のものが並ぶ。焼きたてを食べることが、おいしさのポイント。

　上下半分に水平にスライスして、バターやジャムをぬったり、サ
ンドイッチにするのがおすすめ。

25

Europe　Germany

塩けと香ばしさがビールにぴったり
Laugenbrezel

ラウゲンブレッツェル

配合例
フランスパン専用粉：100%
パン酵母：4%
食塩：2%
脱脂粉乳：5%
マーガリン：10%
モルトシロップ：0.5%
ビタミンC：30ppm
水：55%

太い部分に切り目を入れて無塩バターをはさんだり、ヌテラ(チョコレート風味のスプレッド)などをぬってもおいしい。/k

data	
カテゴリー	ヴァイツェンブロート
タイプ	リーン系・天板焼き・食事パン
主要穀物	小麦粉
写真のパンのサイズ	長さ13cm×幅11.5cm×高さ3.5cm 重さ42g
発酵法など	発酵は少なめ。パン酵母が多いのは、サクッとした食感を出すため。

　ブレッツェルの語源は、ラテン語の「腕」。また、この形は「愛」を意味するという説もある。腕組みをしたような独特の形で、今日のドイツではパン屋さんのシンボルマークとなっている。

　最終発酵のあと、生地をラウゲン液（3〜4％の苛性ソーダを加えたアルカリ性の液）に浸けることで、ツヤツヤとした赤茶色に焼き上がる。このコーティングは、乾燥を防ぐ役目も果たしている。

　日本ではブレッツェルといえば、カリッと硬い食感だと思われがちだが、本場では、しっとりモチモチとした食感のものがポピュラー。ほかに甘いタイプや丸形など、種類や形、大きさは、地方や店によってさまざまな種類がある。サンドイッチにするときは、水平にカットするとよい。

軽い酸味のマイルドな味わい
Weizenmischbrot
ヴァイツェンミッシュブロート

配合例
ライ麦粉サワー種：27％
（内ライ麦粉：15％）
フランスパン専用粉：70％
ライ麦粉：15％
パン酵母：1.9％
食塩：1.9％
モルトシロップ：0.3％
水：約65％
（内ライ麦粉サワー種から12％）

日持ちがするので、4〜5日はおいしく食べることができる。/f

data	
カテゴリー	ヴァイツェンミッシュブロート
タイプ	リーン系・直焼き・食事パン
主要穀物	小麦粉
写真のパンのサイズ	長さ30cm×幅12cm×高さ8.5cm　重さ509g
発酵法など	パン酵母とライ麦粉サワー種で発酵。

　小麦粉を主体に、ライ麦粉を混合して作る。ミッシュは「混ぜる」という意味。小麦粉60〜80%、ライ麦粉40〜20%の配合率で、ドイツでもっとも消費量が多いパンのひとつ。

　小麦粉が多いものほど色は白く、きめは粗くなる。形はなまこ形がポピュラーで、表面に何本かのクープが入り、生地にキャラウェイシードを練り込んだものも多い。しっとりとした食感と、マイルドな酸味で食べやすい。食事に添えてそのまま食べるのがもっとも一般的な食べ方だが、ペーストやリエットをぬったり、バターをぬってチーズや野菜、アンチョビなどをのせてオープンサンドにしてもおいしい。温めると香りが出るので、薄くスライスしてトーストし、バターやジャムをぬるのもおすすめ。

Europe 🇩🇪 Germany

名前の意味は「黒い森」
Schwarzwalderbrot
シュヴァルツヴァルトブロート

「シュヴァルツヴァルダーラントブロート」ともいう。ライ麦粉を多く配合してロッゲンミッシュブロートに分類されることもある。/C

配合例
小麦粉サワー種：2.5%
フランスパン専用粉：80%
ライ麦粉：20%
パン酵母：2%
食塩：2%
モルトシロップ：0.3%
水：約68%
※レーズンなどのフルーツを配合する場合もある

Europe　Germany

data	
カテゴリー	ヴァイツェンミッシュブロート
タイプ	リーン系・直焼き・食事パン
主要穀物	小麦粉
写真のパンのサイズ	長さ19.5cm×幅7.5cm×高さ4.5cm 重さ450g
発酵法など	パン酵母と小麦粉サワー種で発酵。

　ドイツ南部の国境、シュヴァルツヴァルト地方の伝統的なパン。小麦粉を主体としているので「ヴァイツェンミッシュブロート」に分類される。丸形やなまこ形が一般的な形。シュヴァルツヴァルトには「黒い森」という意味があり、なかには写真のように黒い森をイメージしたパンもある。写真のパンは、生地にラム酒漬けレーズンとイチジクをたっぷりと加え、表面に糖蜜をぬって黒色に焼き上げている。このようなパンは、ずっしりとした重みとかみ応えがあり、レーズンやイチジクの味わいに加えてほのかにライ麦パン特有の風味が広がる。

　なかに何も入らないタイプのものは、厚めにスライスしてそのまま朝食として食べたり、薄めにスライスして塩けのあるチーズやクリームチーズをぬるのがおすすめ。レーズンとイチジクが入っているものは、赤ワインや酸味の少ないコーヒーとの相性がよい。

Europe 🇩🇪 Germany

ライ麦パン初心者におすすめ
Mischbrot
ミッシュブロート

配合例
ライ麦粉サワー種:38%
(内ライ麦粉:20%)
ライ麦粉:30%
フランスパン専用粉:50%
パン酵母:2%
食塩:2%
水:約65%
(内ライ麦粉サワー種から18%)

本場では、チーズやハム、ソーセージ、じゃがいもなどのおかずに添えて、昼食や夕食に。/f

Europe 🇩🇪 Germany

data	
カテゴリー	ミッシュブロート
タイプ	リーン系・直焼き・食事パン
主要穀物	小麦粉・ライ麦粉
写真のパンのサイズ	長さ23.5cm×幅11cm×高さ7cm　重さ503g
発酵法など	パン酵母とライ麦粉サワー種で発酵。

　ミッシュブロートは、小麦粉とライ麦粉を同量用いたパンの総称。ライ麦パン特有の酸味もあるが、小麦粉が半量入る分クセが和らぐので、比較的食べやすい。

　ずっしりとしたかみ応えと、シコシコとした食感が特徴。形はなまこ形のほか、円形のものもある。クープの入れ方にもいろいろな方法があり、写真のように斜めにカットする場合もあるが、真横にカットすることも多い。また、カットするかわりに、棒状の道具やピケローラーで穴をあけることもある。

　スライスしてバターをぬり、料理とともに食べるのが基本。チーズ、ハム、ソーセージや野菜など、さまざまな具材をのせてオープンサンドにするのもおすすめ。酸味がワインやビールなどのお酒とよく合う。

目印は木目のようなひび割れ
Berliner Landbrot
ベルリーナラントブロート

配合例
ライ麦粉サワー種：76%
（内ライ麦粉：40％）
ライ麦粉：40%
小麦粉：20%
パン酵母：2%
食塩：2%
水：約70%
（内ライ麦粉サワー種から36%）

焼き上がってから7～8時間後からが食べ頃で、完全に冷めてからスライスすること。

data	
カテゴリー	ロッゲンミッシュブロート
タイプ	リーン系・直焼き・食事パン
主要穀物	ライ麦粉・小麦粉
発酵法など	パン酵母とライ麦粉サワー種で発酵。

ドイツ北東部のベルリン近郊で作られていたことから、この名前がついた。ラントブロートは「田舎パン」という意味。ずっしりとした重みと色あいはまさにドイツパンらしい。

表面のひび割れとなまこ形が特徴。ひび割れは、成形してライ麦粉をふったあと、少し乾燥させた表面が最終発酵の際に割れることでできる。このひびが勢いよく入ったものほどおいしいとされる。

クラムは目が詰まっていて、しっとりとした食感。薄くスライスして、味の濃いパテやハム、チーズとともに食べたり、煮込み料理などに浸す食べ方も一般的。こってりとした料理と合わせると、パンの酸味で口をすっきりとさせてくれる。また、あらかじめスライスして売られていることが多い。

Europe 🇩🇪 Germany

ライ麦粉で作る小型パンの総称
Roggenbrotchen
ロッゲンブロートヒェン

スライスしてバターやジャムをぬったり、塩けの強い生ハムや野菜をはさんだサンドイッチにするのがおすすめ。/k

data	
カテゴリー	ロッゲンミッシュブロート
タイプ	リーン系・直焼き・食事パン
主要穀物	ライ麦粉・小麦粉
写真のパンのサイズ	長さ10cm×幅9cm×高さ4.5cm　重さ78g
発酵法など	パン酵母とライ麦粉サワー種で発酵。

　ドイツの小型パンの総称「ブロートヒェン」。名前に「ロッゲン」がつくと通常はライ麦粉を主体としたパンを指すが、小型でライ麦粉を多く配合するとボリュームのないものになってしまうため、ライ麦粉、小麦粉それぞれ50％ずつの配合が一般的。水平にスライスするとシコシコした食感が楽しめる。

Europe 🇩🇪 Germany

かみしめるとスパイスが香る
Vinschgauer
フィンシュガウアー

クローバーが手に入らないときは、他のスパイスを増やして作られることもある。

配合例
ライ麦粉サワー種：22％（内ライ麦粉：12％）
ライ麦粉：58％
小麦粉：30％
パン酵母：2％
食塩：2.5％
パン用クローバー：0.3％
南チロル産パン用スパイス：1.5％
水：83％
（内ライ麦粉サワー種から10％）

data	
カテゴリー	ロッゲンミッシュブロート
タイプ	リーン系・直焼き・食事パン
主要穀物	ライ麦粉・小麦粉
発酵法など	パン酵母とライ麦粉サワー種で発酵。

　イタリアとオーストリアにまたがるチロル地方の都市の名前がついた小型パン。ドイツの支配力がオーストリアにも及んでいた時代から作られている。ライ麦粉を主体とし、生地にクローバー（チロル地方で採れる香草）やキャラウェイシードなどが入り、スパイスの効いた味わいが特徴。水をたっぷり加えているので、クラムの食感がしっとりとしている。

Europe 🇩🇪 Germany

強い酸味をストレートに味わう

Roggensaftbrot

ロッゲンザフトブロート

ライ麦全粒粉を含み、食物繊維が豊富で腹もちがよい。好みに合わせて、トーストしてもおいしい。/k

data	
カテゴリー	ロッゲンブロート
タイプ	リーン系・型焼き・食事パン
主要穀物	ライ麦粉
写真のパンのサイズ	長さ8cm×幅8cm×高さ8.5cm　重さ409g
発酵法など	ライ麦粉サワー種とパン酵母で発酵。

　ザフトは、「ジュース」という意味で、生地に水分を多く配合するのが特徴。ライ麦粉を100%使用していて、酸味が強く、ずっしりと重みがある。また、生地を連結して焼くため側面にはクラストができず、ソフトな食感に仕上がる。連結で焼いたパンは、水分が多く残り、しっとり感を長時間楽しむことができる。

　ライ麦粉の配合が多い分、サワー種の量も多く、酸味がストレートに伝わる味わいは、ワインなどのお酒とよく合う。薄くスライスして、焼かずにそのままジャムをぬったり、味の濃いチーズやサラミをのせると美味。また、腹もちがいいので、軽食としてサンドイッチにするのもおすすめ。酸味が苦手な場合は、甘い生クリームやはちみつをぬると食べやすくなり、おやつにもピッタリ。

穀物のツブツブ感が食べ応えあり
Roggenvollkornbrot
ロッゲンフォルコンブロート

配合例
ライ麦粗挽き粉サワー種：45％
（内ライ麦粗挽き粉：25％）
熱湯処理したライ麦粗挽き粉生地：
81％（内ライ麦粗挽き粉：45％）
ライ麦細挽き粉：20％
レストブロート（パン粉）：10％
パン酵母：3％
糖蜜：1％
食塩：1.7％
水：約70％
（内サワー種と熱湯処理生地から66％）

トーストすると穀物の粒の香ばしさが楽しめる。焼いた翌日以降が食べ頃。/k

data	
カテゴリー	ロッゲンブロート
タイプ	リーン系・型焼き・食事パン
主要穀物	ライ麦粉
写真のパンのサイズ	長さ9cm×幅8.5cm×高さ7.5cm　重さ388g
発酵法など	ライ麦粉サワー種による発酵。パン酵母も入っているので少しふくらむ。

　フォルは「全体」、コンは「穀物」という意味で、ライ麦全粒粉を使用したパンをロッゲンフォルコンブロートと呼ぶ。ライ麦全粒粉100％で作るものや、小麦や丸麦、大麦、あわ、ひえ、大豆など、さまざまな穀物を入れたものがある。「ロッゲンシュロートブロート（粗挽きの粉を使用したパン）」のひとつで、食物繊維が豊富で、ヘルシー志向の人に人気が高い。

　全粒粉の粒が口に残るので、カフェラテなどのまろやかな飲み物といっしょに食べるのに向いている。また、強めの酸味はワインとの相性もよい。薄くスライスして、スモークサーモンやチーズ、レバーペーストなど、味の濃いものをぬるとおいしい。また、おやつとして、クリームチーズとはちみつをぬるのもおすすめの組み合わせ。

Europe Germany

蒸し焼きで作る伝統的な黒パン
Pumpernickel
プンパニッケル

焼いた翌日以降が食べ頃で、1週間は保存ができ、冷凍保存にも向いている。/c

配合例
ライ麦粗挽き粉サワー種：45％
（内ライ麦粗挽き粉：33％）
熱湯処理したライ麦粗挽き粉生地：66％
（内ライ麦粗挽き粉：33％）
ライ麦粗挽き粉：34％
パン酵母：1.5％
食塩：1.5％
カラメル：0.8％
水：66％
（内サワー種と熱湯処理生地から45％）

Europe Germany

data	
カテゴリー	ロッゲンブロート
タイプ	リーン系・型焼き・食事パン
主要穀物	ライ麦粉
写真のパンのサイズ	長さ10.5cm×幅6.5cm×高さ5.5cm 重さ400g
発酵法など	ライ麦粉サワー種による発酵。

　ライ麦全粒粉で作る「ロッゲンシュロートブロート」のひとつで、小麦の粒が入ることもある。もともとはドイツ北部のウエストファーレン地方で作られていた伝統的なパンだが、現在はドイツ全土で食べられている。

　お湯を張ったオーブンで、短くても4時間、長ければ20時間もかけて蒸し焼きにするのが特徴。しっとりとしていて、米飯ほどの水分が感じられる。モチモチとしたクラムは、かみしめるほどにライ麦やカラメルの甘さがじんわりと広がる。ライ麦粉を100%使用しているが、酸味がそれほど強烈ではないのでシンプルにバターのみと合わせても食べやすい。薄くスライスして、ハムやサーモン、サワークリーム、クリームチーズなどをのせたり、コクのあるペーストをぬってもよく合う。クリームシチューなどの煮込み料理に添えるのもおすすめ。

Europe 🇩🇪 Germany

日本でも定番のクリスマス菓子
Stollen

シュトーレン

表面のバターと粉砂糖のコーティングにより、常温で2〜3週間保存することができる。/k

配合例
フランスパン専用粉:100%
パン酵母:7.5%
砂糖:12%
食塩:1.25%
無塩バター:31%
牛乳:32%
ローマジパン:9%
レモン皮:0.5%
スパイス:0.3%
サルタナレーズン:62%
オレンジピール:2.5%
レモンピール:10%
アーモンド(刻み):14%
ラム酒:1.75%

data	
タイプ	リッチ系・天板焼き・発酵菓子
主要穀物	小麦粉
写真のパンのサイズ	長さ13cm×幅6.5cm×高さ4.5cm 重さ260g
発酵法など	パン酵母で中種を作る。

　シュトーレンの語源は「キリストのゆりかごの形」や「キリストをくるんだ毛布の形」といわれている。日本でもおなじみのクリスマス菓子で、ラム酒とはちみつに漬けたドライフルーツやナッツがたっぷり入り、甘くて贅沢な味わい。発祥の地ドレスデンで作られたものは「ドレスデナーシュトーレン」と呼ばれ、12月には、巨大なシュトーレンを乗せた馬車が街の中心部をまわるパレードが行われるほど、ドレスデンの人々にとって身近で欠かせない存在である。ドイツでは11月末に作られ、4週間のアドヴェントと呼ばれる期間、日曜日ごとに少しずつ食べてクリスマスの準備をする慣わしがある。

　薄くスライスして食べるのが定番で、香りを楽しむには、ストレートの紅茶を合わせるのがおすすめ。

Europe 🇩🇪 Germany

レーズンの甘酸っぱさが人気
Rosinenbrotchen
ロジーネンブロートヒェン

クラムの気泡は粗いが、やわらかくしっとりとしていて食べやすい。

配合例
小麦粉:100%
パン酵母:5%
砂糖:10%
食塩:2%
全脂粉乳:6%
バター:10%
卵:5%
バニラアロマ:適宜
レモンアロマ:適宜
水:約55%

data	
タイプ	リッチ系・天板焼き・菓子パン
主要穀物	小麦粉
発酵法など	パン酵母による発酵。

　日本でいうレーズンパンのようなもので、小麦粉に卵やバターを加えた菓子パンの生地に、レーズンを混ぜ込んだ小型のパン。「ロジーネンブロート」というと大型のもの（250g以上）になり、ライ麦粉を使ったものが多い。レーズンの甘酸っぱさが食べやすく、年齢層を問わず人気がある。

Europe Germany

サクサクのそぼろがアクセント
Streuselkuchen
ストロイゼルクーヘン

ボロボロとしたそぼろ
の食感がクセになる。

配合例
ロジーネンブロートヒェンと同じ。

data	
タイプ	リッチ系・天板焼き・菓子パン
主要穀物	小麦粉
発酵法など	パン酵母による発酵。

　表面にカスタードクリームとバター、小麦粉、砂糖で作るそぼろがのった甘い菓子パン。ストロイゼルは「そぼろ」、クーヘンは「菓子」「ケーキ」を意味する。

　ベースは小麦粉の菓子パン生地で、天板で大きく焼き上げたものを食べやすい大きさにカットして取り分ける。天板で大きく焼くタイプの菓子パンは、北ドイツに多く見られる。

Europe 🇩🇪 Germany

ジャムが入ったドイツの揚げ菓子
Berliner Pfannkuchen

ベルリーナプファンクーヘン

配合例

小麦粉：100%
パン酵母：5%
砂糖：10%
食塩：2%
脱脂粉乳：5%
バターまたはマーガリン：10%
全卵：15%
卵黄：15%
水：15%

なかに入るジャムは、ラズベリーやクランベリー、アプリコットなど。

data	
タイプ	リッチ系・揚げ菓子
主要穀物	小麦粉
発酵法など	パン酵母による発酵。

ドーナツの原型ともいわれるドイツの揚げ菓子、プファンクーヘン。レーズン入りの生地を油で揚げ、なかにジャムを入れたものが代表的とされているが、地方によってさまざまなバリエーションがある。

ベルリーナプファンクーヘンは、ベルリン地方に伝わる揚げ菓子で、1756年にベルリンのパン職人によって作られたといわれている。戦争中、身体的な理由から戦士として国に貢献できなかったパン職人が戦士たちを支えるため、オーブンのない環境で鍋を使ってこのパンを完成させた。そのときに大きな鍋（プファン）で揚げていたことから、この名前で呼ばれるようになったという。

小麦粉の生地を油で揚げてからなかにジャムを注入し、たっぷりの粉砂糖をふりかけてでき上がり。

Europe 🇩🇪 Germany

ドイツでは日本のあんパンのようにポピュラー
Mohnschnecken

モーンシュネッケン

配合例
フランスパン専用粉：100%
パン酵母：9%
砂糖：11%
食塩：1.5%
バターまたはマーガリン：12.5%
水：52%
折り込み用油脂
（バターまたはマーガリン）：
50〜100%（対生地）

焼き上がってすぐがもっとも美味。生地がサクサクしているうちに。/k

data	
タイプ	リッチ系・天板焼き・菓子パン
主要穀物	小麦粉
写真のパンのサイズ	長さ11cm×幅10cm×高さ2.5cm　重さ52g
発酵法など	パン酵母による発酵。

　黒ケシの実を牛乳で甘く煮たモーンペーストを巻き込んだ渦巻き状の菓子パン。シュネッケンは「かたつむり」を意味する。表面はアイシングでコーティングされていることが多く、モーンペーストは日本でいうあんこのようにメジャーな存在で、クルミが入ったものもある。サクサクの生地とケシの風味が香ばしい。

Europe Germany

ナッツの風味がコーヒーにピッタリ
Nussschnecken

ヌスシュネッケン

ナッツのほろ苦さと生地の甘みが、コーヒーやミルクたっぷりのカフェラテと相性抜群。/k

data	
タイプ	リッチ系・天板焼き・菓子パン
主要穀物	小麦粉
写真のパンのサイズ	長さ12cm×幅11.5cm×高さ3cm　重さ65g
発酵法など	パン酵母による発酵。

　ドイツ語でヌスは「木の実」。クルミやヘーゼルナッツなどのナッツペーストを菓子パンあるいはデニッシュ生地に巻き込み、渦巻き状に成形する。
　サクサクとした生地が香ばしく、シナモンやバターの香りが広がり、ほろ苦いナッツは大人向きの味わい。

51

Europe

Austrian Bread

オーストリアのパン

国の繁栄とともに
数々のパンが誕生した

　オーストリアの首都ウィーンは、何世紀にも渡ってヨーロッパの政治や経済、文化の中心を担っていました。13世紀以降、ハプスブルグ家がウィーンを本拠として強大な権力を持ち、広大な地域を統治していたためです。その後、多民族によって構成されたオーストリア＝ハンガリーという広大な帝国においても、非常に強い支配力を持っていました。

　この時代に、ウィーンではさまざまな食文化が育まれ、発展を

遂げました。パンやお菓子の製法の開発についても、ヨーロッパの中心的な役割を担っていたといえるでしょう。パン酵母の培養製造や製パン用モルトの利用、ポーリッシュ法、製パン用小麦粉品質の向上など、その頃に生み出された多くの技術が、現在のパン製造を支えています。また、フランスのパンとして代表的なクロワッサンやブリオッシュ、デンマークで有名なデニッシュペストリーも、ウィーンが発祥という説があり、デンマークでデニッシュは、「ヴィエナーブロート（ウィーンのパン）」と呼ばれています。

　小麦粉が主体のものやライ麦粉を使用したもの、リーンなものもあればリッチな配合の菓子パンも充実しており、その種類は実に多種多様。なかでも「カイザーゼンメル」は日本でも近年ポピュラーです。

　オーストリアでは、パン屋さんのほかに、スーパーのような大規模店舗やディスカウントチェーンでも安くて高品質なパンを求めることができ、その割合は国内パン市場の3割以上だといわれています。

Europe — Austria

皇帝の王冠に由来する代表的なハードパン
Kaisersemmeln
カイザーゼンメル

配合例
フランスパン専用粉：100%
パン酵母：4%
食塩：2.2%
脱脂粉乳：0.5%
粉末発酵種：2%
ショートニング：1.5%
モルトシロップ：0.5%
ビタミンC：30ppm
水：約60%

焼きたてから3〜4時間以内には食べたい。にしんと玉ねぎのマリネをはさんだサンドイッチがオーストリアで人気。

黒ゴマ（左）とプレーン（右）のカイザーゼンメル

data	
タイプ	リーン系・直焼き・食事パン
主要穀物	小麦粉
発酵法など	パン酵母による発酵。

　表面の模様が皇帝のかぶる王冠に似ていることから、カイザー（皇帝という意味）の名前で呼ばれる。オーストリアで誕生したあと、ドイツでも広く食べられるようになった。

　以前は手で生地を折ることで表面の模様をつけていたが、最近では専用のスタンプなどでつけることが多い。

　クラストのサクッとしたクリスピーな食感が特徴で、クラムの食感も軽く、小麦の味わいが広がるシンプルな食事パン。プレーンだけでなく、ゴマやケシなど、さまざまなトッピングのものがある。料理に添えられるほか、水平にカットしてハムやソーセージをはさんだサンドイッチとしても売られており、オーストリア、ドイツでごくポピュラー。焼きたてがおいしく、ドイツでは「2時間パン」と呼ばれるほど。日本では「カイザーロール」という名前でも呼ばれる。

Europe | Austria

焼きたてのサクサクを味わう
Wachauer Laibchen

ワッハーワー・ライプヒェン

配合例
フランスパン専用粉：75％
ライ麦粉：25％
食塩：2.2％
粉末発酵種：4％
ショートニング：1％
キャラウェイシード：1.5％
モルトシロップ：0.5％
ビタミンC：30ppm
水：70％

バターやジャムをぬったり、サクサクの食感をいかしたサンドイッチにするのもおすすめ。

Europe　Austria

data	
タイプ	リーン系・直焼き・食事パン
主要穀物	小麦粉
発酵法など	パン酵母による発酵。

　ワッハーワーは、オーストリアのドナウ川沿いにある地方の名前で、ワッハウ渓谷が美しい景色で知られる。ライプヒェンは小型パンを意味する。街の小さなパン屋さんで生まれ、広まっていった。

　小麦粉にライ麦粉が25％配合され、表面のバラのような模様が特徴。ライ麦粉をたっぷりふったキャンバスの上で生地をまるめ、成形する際のとじ目を下にして発酵させたあと、とじ目を上にして焼くと花のような形に開く。

「カイザーゼンメル」や「ローゼンヴェッケン」と同じタイプのハード系の小型パンで、焼きたてがもっともおいしく、クラストはサクサクとしたクリスピーな食感が楽しめる。時間がたつと硬くなってしまうため、本場では焼き上げてから2〜3時間のものがパン屋さんに並ぶ。半分に切るときは、水平方向にカットするとシコシコとした食感で美味。

Europe · Austria

ひまわりの種の食感が楽しい
Sonnenblumen

ゾンネンブルーメン

ライ麦粉とひまわりの種に食物繊維たっぷり。バターやクリームチーズと相性がよい。

配合例
フランスパン専用粉：70%
ライ麦粉：30%
オートミール：10%
パン酵母：4%
砂糖：2%
食塩：2%
粉末発酵種：5%
マーガリン：5%
全卵：6%
モルトシロップ：0.5%
ビタミンC：30ppm
水：64%
カラメル：2%
スパイスミックス：0.8%
ひまわりの種：18%
かぼちゃの種：15%

data	
タイプ	リーン系・直焼き・食事パン
主要穀物	小麦粉
発酵法など	パン酵母による発酵。

　ひまわりの種が入った黒パンで、ドイツでも定番。ひまわりの種を生地に練り込み、さらに表面にもトッピングする。
　生地は、小麦粉を主体としてライ麦粉を配合したもの。ひまわりの種のみの場合もあれば、オートミールやゴマなど、ほかの素材が加わることもあり、風味も食感も楽しめる。

Europe｜Austria

表面の塩味がアクセント
Salzstangen
ザルツシュタンゲン

配合例
カイザーゼンメルの生地
と基本的に同じ。

表面の塩がビールによく合う。
焼きたてのパリっとした食感
を味わいたい。

data	
タイプ	リーン系・直焼き・食事パン
主要穀物	小麦粉
発酵法など	パン酵母による発酵。

　オーストリアでポピュラーな小型のパンで、ザルツは「塩」、シュタンゲンは「棒」を意味する。
　生地を薄くのばしたあと、クルクルと巻いて細長いクロワッサンのような形を作り、表面にはキャラウェイシードと塩をトッピングする。テーブルロールとして人気が高い。

ナッツがぎっしり入った贅沢な味わい
Nussbeugel
ヌスボイゲル

配合例
強力粉：60%
薄力粉：40%
パン酵母：4%
砂糖：10%
食塩：1.2%
粉末発酵種：2%
発酵バターコンパウンドマーガリン：40%
卵黄：8%
牛乳：25%
バニラオイル：適宜
レモンオイル：適宜

ツヤのある茶色と表面のひび割れが、おいしく焼けた証拠。

data	
タイプ	リッチ系・天板焼き・発酵菓子
主要穀物	小麦粉
発酵法など	パン酵母による発酵。

　直訳すると「曲がっているナッツのお菓子」という意味。ヌスは「ナッツ」、ボイゲルはスキーの「ボーゲン」のこと。ほかの形に成形されることもあるが、写真のようにV字に折れ曲がったものがもっとも伝統的で、表面のツヤとひび割れたクラストが特徴。スイスの「マイチバイ（p.69参照）」に似ている。なかにはヘーゼルナッツやクルミなどで作ったフィリングがぎっしりと入っている。生地に牛乳や卵、バターなどが入る、リッチ系の発酵菓子。店によってフィリングにアレンジが加わることも。

　パン酵母が入るが、パンというよりはクッキーに近い食感。さっくりとした生地を口に含むと、ラム酒がほんのりと香り、コーヒーや紅茶とよく合う。冷凍して長期保存が可能。

お祝いに出される伝統あるお菓子
Wiener Gugelhupf
ヴィエナー・クーゲルフップフ

クグロフ型で焼くパンで、フランスでは「クグロフ」の名前で有名。

配合例
- 生地

パン酵母：5%
強力粉：100%
練り込み用油脂：2%
脱脂粉乳：3%

水：50%
サルタナレーズン：69%
ラム酒：6%
- クリーミング原料

全卵：20%
卵黄：10%

砂糖：13.5%
食塩：2.5%
発酵バターコンパウンド
マーガリン：50%
バニラオイル：適宜
レモンオイル：適宜

data	
タイプ	リッチ系・型焼き・発酵菓子
主要穀物	小麦粉
発酵法など	パン酵母による発酵。

　「ゲルタールクーゲルフップ」が正式な名前で、クーゲルには「やや丸い小高い丘」という意味がある。結婚式やお祭りのときにも出されるケーキのひとつで、レーズンなどが入り、甘く贅沢な味わい。

　最初にクリーミング原料を混ぜておき、そこに残りの材料を加えてミキシングし、生地を作る。

Europe / Austria

ジャムとフィリングで甘さたっぷり
Kranzkuchen

クランツクーヘン

表面のアプリコットジャムは、ツヤ出しと香りづけの役割を果たす。

配合例
● 生地
強力粉：100%
パン酵母：5%
砂糖：14%
食塩：1.8%
粉末発酵種：2%
バター：25%
全卵：24%
牛乳：37.5%
バニラオイル：適宜
レモンオイル：適宜

● ヘーゼルナッツフィリング
ヘーゼルナッツフィリングミックス粉：100%
水：25%
ラム酒：3%

data	
タイプ	リッチ系・型焼き・発酵菓子
主要穀物	小麦粉
発酵法など	パン酵母による発酵。

　甘みのある菓子パン生地にヘーゼルナッツのフィリングを巻き込んで焼く、ケーキのような菓子パン。焼き上がったら、表面にアプリコットジャムとフォンダンと呼ばれる糖液をたっぷりぬる。

　写真のように型に入れて焼く、細長い長方形のほかに、小さな型を使用したり、リング状に成形する場合もある。大きいので切り分けていただく。

63

Europe — Austria

クロワッサン型のブリオッシュ
Wiener Briochekipfel
ヴィエナーブリオッシュキプフェル

ウィーンで、朝食やおやつとしてよく食べられている。

配合例
強力粉:60%
薄力粉:40%
パン酵母:7%
砂糖:12%
食塩:1.4%
脱脂粉乳:4%
粉末発酵種:1.5%
バター:24%
全卵:20%
卵黄:4%
水:28%

data	
タイプ	リッチ系・天板焼き・菓子パン
主要穀物	小麦粉
発酵法など	パン酵母による発酵。

　ブリオッシュ生地の菓子パン。ヴィエナーは「ウィーンの」、キプフェルは「クロワッサンの形」という意味。油脂や砂糖、卵などをふんだんに練り込み、数あるパンのなかでも特にリッチな部類に入る。バリエーションとして、編んだ形のものや、あられ糖をのせたものもある。ふんわりやわらかく、しっとりとした食感。

Europe Austria

ジャムとフィリングで甘さたっぷり
Topfenbuchtel

トプフェンプフテル

配合例
● 生地
強力粉：60%　薄力粉：40%
パン酵母：7%
砂糖：12%　食塩：1.6%
脱脂粉乳：4%
粉末パネットーネ種：20%
バター：24%
全卵：20%　卵黄：4%　水：37%

● トプフェンフィリング
クリームチーズ：100%
上白糖：34%
クリーム：30%
全卵：12%
粉末カスタード：20%
脱脂粉乳：2%
食塩：少々
バニラオイル：適宜
レモンオイル：適宜

家庭やレストラン、喫茶店などで作られることの多い菓子パン。

data	
タイプ	リッチ系・天板焼き・菓子パン
主要穀物	小麦粉
発酵法など	パン酵母による発酵。

　クリームチーズを主体として作った、トプフェンフィリングを入れた菓子パン。プフテルは、「本の形」という意味。
　クリームパンのようにトプフェンフィリングを包んだ小さめのパンをいくつも成形し、表面にマーガリンをぬってバットに並べて焼くので、このような形になる。

古代の風習が残る編み込みパン

Zopf

ツオップ

Europe

Swiss Bread

スイスのパン

チーズフォンデュが有名なスイス。チーズとの相性を考えたパンが作られています。

配合例

フランスパン専用粉：100%
パン酵母：5.5%
食塩：2.2%
粉末サワー種：3%
無塩バター：17%
全卵：5.5%
牛乳：約56%
モルトシロップ：1%

data	
タイプ	リッチ系・天板焼き・食事パン
主要穀物	小麦粉
写真のパンのサイズ	長さ25cm×幅8cm×高さ7cm　重さ219g
発酵法など	パン酵母による発酵。

「編み込んだ髪」を意味するツォップ。カトリック信者の多いスイスでは、毎週日曜日に教会で礼拝し、帰宅したあとに家族そろってツォップを食べる習慣がある。そのため、土曜日のパン屋さんの店頭にはツォップが数多く並ぶ。現在は、ドイツ、スイス、オーストリアなど、ヨーロッパで広く食べられている。

細長く棒状にのばした生地を本来はタテに立体的に編んで成形したものが一般的で、形は二つ編みから六つ編みまでさまざま。バターや卵、砂糖が入るが、基本的には甘くないタイプのパン。バリエーションとして、甘いものやレーズン、レモンやオレンジの皮を加えたもの、アーモンドスライスをのせた贅沢な味わいのものもある。やわらかくしっとりとした食感にバターの風味が広がる。

そのままでおやつや朝食に。焼きたてから時間のたたないうちがおいしい。／e

Europe ✚ Switzerland

小さなパンが連結
Tessinerbrot
テッシーナブロート

配合例
フランスパン専用粉：100％
パン酵母：4％
食塩：2％
粉末発酵種：2.5％
モルトシロップ：1％
水：約50％

薄茶色によく焼けたものがおいしい。焼きたてから時間のたたないうちが食べ頃。／n

data	
タイプ	リーン系・直焼き・食事パン
主要穀物	小麦粉
写真のパンのサイズ	長さ23cm×幅17.5cm×高さ6.5cm 重さ446g
発酵法など	パン酵母による発酵。

　スイスのテッシン州の代表的なパンで、現在はスイス全土で食べられている。60〜100gの小さめのパンを数個つなげて焼き上げるのが特徴。表面にはハサミでカットしたクープを入れる。
　サクッとした食感は「カイザーゼンメル（p.54参照）」に似ている。油脂を多めに配合したソフトめなタイプもある。

Europe 🇨🇭 Switzerland

乙女の足がモチーフ
Meitschibei

マイチバイ

ツヤがあり、茶色に色よく焼き上がったものがおいしい。／n

data	
タイプ	リッチ系・天板焼き・発酵菓子
主要穀物	小麦粉
写真のパンのサイズ	長さ12.5cm×幅7cm×高さ3cm　重さ51g
発酵法など	パン酵母による発酵。

「未婚のお姉さんの足」という意味があり、細い足のような形をしている。甘いナッツフィリングが入った菓子パンで、形、味わいともにオーストリアの「ヌスボイゲル(p.60参照)」に似ている。クラムはソフトな食感で、しっとりとしたフィリングにはシナモンが香る。店によって異なるフィリングが入る。

Europe

French Bread

フランスのパン

バリエーションに富む
味わい豊かなパン

　フランスの一般家庭の食事にはパンがつきものです。ほとんどの人が1日3回パンを食べますが、焼き直して食べる習慣はあまりなく、焼きたてをパン屋さんで購入します。そのため、多くのパン屋さんが朝食に間に合うよう、朝の6時頃にオープンします。
　パンの種類は生地の配合によって、大きく3つに分けられます。1つめは、バゲットやバタールなど、日本で「フランスパン」といってイメージされる、クラストのバリバリとした食感と、小麦粉の風味を楽しむパン。小麦粉、パン酵母、水、塩だけを使ったシンプルな配合のパンで、伝統的な製法を守ったものは「パン・トラディ

ショネル」と呼ばれます。フランスの小麦はタンパク質が比較的少ないものが多いことから、生地の弾性が低く、バリバリとしたクラストとモチモチとしたクラムの食感が生まれます。また、砂糖や油脂などの副材料を全く配合しないため、小麦粉とパン酵母による発酵の香りと風味が味わえるのが特徴。1種類の生地から重量や形状が異なる多種類のパンが作られ、それぞれクラストとクラムの比率や火の通りが異なり、さまざまなおいしさを楽しむことができます。

2つめは、バターを折り込んだクロワッサンや、バターを練り込んだブリオッシュなどのリッチなパン。これらは「ヴィエノワズリー（ウィーン風菓子パン）」と呼ばれ、特に、焼きたてのバターの風味は格別です。フランスの朝食にはクロワッサンとカフェオレ…というイメージもありますが、フランスではクロワッサン1つとバゲット1本ではバゲットのほうが安く、倹約家のフランス人は、朝はバゲットを食べる人が多いようです。

3つめはライ麦粉を混ぜた「パン・ド・カンパーニュ」。田舎パンと呼ばれ、その製法や形は地方により異なります。基本的には野生の酵母を使い、長時間発酵させるため、発酵による香り、酸味、そしてしっとりとした食感が特徴で、バゲットやクロワッサンなどより日持ちがします。

Europe France

「棒」を意味するいちばん有名なパン
Baguette
バゲット

配合例
フランスパン専用粉：100%
パン酵母：1.5%
食塩：2%
モルトシロップ：0.2%
ビタミンC：6ppm
水：約68%

クープがしっかり開いているものがおいしい目印。クラストはこんがり焼き目がつき、クラムは大小の気泡が入っていると美味。/i

data	
タイプ	リーン系・直焼き・食事パン
主要穀物	小麦粉
写真のパンのサイズ	長さ60cm×幅7cm×高さ4cm　重さ250g
発酵法など	パン酵母による発酵。ストレート法、パートフェルメンテ法（発酵生地法）、ポーリッシュ法などがある。

　フランスのパンの基本は、小麦粉、パン酵母、水、塩を使って作るリーンなパン。そのため材料や製法によって、またその日の気温や湿度によって、味や焼き上がりに違いがあらわれやすく、職人の確かな腕前が求められる。

　なかでもフランスの一般家庭でいちばん食べられているのがバゲット。細長い形をしていて、フランス語で「棒」や「杖」という意味。歯応えがよく、香ばしいクラストが味わえるバゲットは、外側のバリバリとした食感を楽しみたい人におすすめ。程よい塩けのあるあっさりとした味は多くの料理と相性がよく、食卓で重宝される。オーブンから出したばかりのパンは、いちばん香ばしくバリッとしたクラストを楽しめる。また焼き上がりからしばらくおくと、クラストの香りや風味がクラムに浸透し、その風味や香りをしっかり味わうことができる。

Europe France

太くて3本のクープが目印
Batard
バタール

パリッとしたクラストと、やわらかいクラムの両方を楽しめる日本人好みの味わい。/i

配合、発酵法はバゲットと同じ。

Europe France

```
data
写真のパンのサイズ    長さ42cm×幅9cm×高さ6cm 重さ262g
```

　日本で好まれるフランスパンといえば、このバタール。フラン
ス語で「中間」という意味で、「バゲット」と「ドゥ・リーブル（約
850g、約55cmの太くて長い棒状のフランスパン）」の中間の太さ。
太く短い形と、3本のクープが目印。

　バゲットと全く同じ生地で作られていても、形によってその味わ
いには大きな違いが出る。棒状のフランスパンは細長いほどバリ
バリとしたクラストを、丸みのあるものほど、もっちりとしたクラム
を楽しむことができる。丸みがあるバタールは、バゲットよりクラ
ムが多く、しっとりやわらかな食感を味わえるので、クラムを味わ
いたい人におすすめ。厚めにスライスして料理とともに食べる。切っ
たときの断面が大きいため、サンドイッチにするのもおすすめ。

Europe 🇫🇷 France

バゲットの一回り大きめサイズ
Parisien
パリジャン

太めなので、スライスして何かをのせたりはさんだりと、アレンジしやすい。/i

配合、発酵法はバゲットと同じ。

data	
写真のパンのサイズ	長さ63cm× 幅10cm× 高さ7cm　重さ488g

　本来は「パン・パリジャン」という名前のパリのパン。棒状のフランスパンは、以前はパリジャンのように太めのものが多かったが、今ではバゲットのような細めのものが主流となっている。

　バゲットより一回り大きく、クープは5本。棒状のフランスパンのなかでは、太めでカットした際の断面が大きくなるので、サンドイッチに向いている。

Europe France

バゲットよりも細いのが特徴
Ficelle
フィセル

棒状のフランスパンのなかでもっとも細い。クラストを楽しみたい人に。/i

配合、発酵法はバゲットと同じ。

> **data**
> **写真のパンのサイズ**　長さ36cm× 幅5.5cm× 高さ4.5cm 重さ104g

　フィセルとは、「ひも」という意味。フランスではクラストのバリバリとしたかみ応えを好む人が多く、そうした好みに合わせてバゲットよりも細いフィセルが作られた。細くてクラムが少ない分、クラストの食感がダイレクトに伝わる。長軸の中央に切れ目を入れて作るサンドイッチに適している。

Europe ■ France

「ボール」を意味するまん丸パン
Boule
ブール

配合、発酵法はバゲットと同じ。

フワフワとやわらかな食感。中身をくり抜いて、シチューなどを入れる食べ方も。/i

data	
写真のパンのサイズ	長さ16.5cm× 幅16.5cm× 高さ9cm 重さ292g

　ブールとは「ボール」という意味で、半球状の形をしている。「ブーランジェ（パン職人）」や「ブーランジュリー（パン屋さん）」の語源となったパン。クープがクロスして入っているものが多い。

　クラムの割合が多いので、皮よりも中身のモチモチ感を好む人におすすめ。トーストやサンドイッチにすると美味。

Europe France

モチーフは「麦の穂」

Epi
エピ

短いものからバゲットのように長いものまで、さまざまなサイズがある。/i

配合、発酵法はバゲットと同じ。

data
写真のパンのサイズ　長さ63cm× 幅11cm× 高さ4.5cm
重さ237g

　エピとは「麦の穂」という意味で、その名の通り麦の穂をかたどったパン。生地を細長い棒状に成形し、ハサミで切り込みを入れて左右にずらして開く。火が通りやすいため、カリッと焼き上がり、とがった部分は特に香ばしい。ブロックごとにちぎって食べる。
　プレーンのほか、なかにベーコンやチーズを入れたものも人気。

Europe 🇫🇷 France

カリカリ食感、モチーフはタバコ入れ
Tabatiere

タバチェール

配合、発酵法はバゲットと同じ。

サイズによって食感が異なり、小さいものほどカリカリ感が強い。/i

> data
> **写真のパンのサイズ**　長さ13cm× 幅9.5cm× 高さ8.5cm
> 　　　　　　　　　　　重さ118g

「タバコ入れ」という意味で、「タバチェ」とも呼ばれる。

　まるめた生地の一端1/3ほどをめん棒で薄くのばし、丸い部分にかぶせて成形する。最終発酵の際にはフタに見たてた上部を下にしておく。

　上部とクラストはカリカリとしていて、クラムはソフトな食感が特徴。

Europe 🇫🇷 France

食感の違いを楽しめる
Champignon
シャンピニオン

配合、発酵法はバゲットと同じ。

上のカサの部分と下の部分がきちんと離れているか確認を。カサの部分を外し、クラムをくり抜いて器として使うのもおすすめ。/i

> data
> **写真のパンのサイズ**　長さ7cm×幅7.5cm×高さ6.5cm
> 　　　　　　　　　　　重さ35g

　キノコの形に似ていることから名づけられたシャンピニオン。丸く成形した生地に薄くのばした生地をのせ、逆さにして発酵させたあと、焼き上げる。カサの部分は香ばしくカリカリに、下の部分はふんわりと焼き上がり、クラストもクラムも両方楽しめるのが特徴である。

81

Europe 🇫🇷 France

ずっしりとした食感で食べ応え充分
Fendu
フォンデュ

配合、発酵法はバゲットと同じ。

薄くスライスしてトーストするのがおすすめの食べ方。/i

data	
写真のパンのサイズ	長さ26.5cm× 幅14cm× 高さ7cm 重さ321g

　2つの山の形が特徴。山は、成形する際にまるめた生地の真んなかに細いめん棒を押しつけて割れ目を作るためにできる。フォンデュとは、フランス語で「割れ目」「双子」を意味する。

　しっかりとしたかみ応えのクラストと、やわらかいクラム、2つの食感をあわせ持つ。

Europe ■ France

1本のクープで見た目にもシンプル
Coupe
クッペ

配合、発酵法はバゲットと同じ。

クラストには香ばしさがありながら、クラムのふっくら感をたっぷり味わえる。/i

data	
写真のパンのサイズ	長さ14cm×幅8cm×高さ6cm　重さ68g

　クッペとは「切られた」という意味で、中央に大きく開いたクープが特徴。焼く直前に表面に1本の切り込みを入れるため、この名前がついたといわれている。クーペとも発音される。
　フットボール形でクラムが多く、やわらかくて食べやすいためか、日本での人気が高い。

Europe 🇫🇷 France

パリの人が故郷を懐かしむ田舎パン
Pain de Campagne

パン・ド・カンパーニュ

冷めてからのほうがおいしく、
4〜5日保存がきく。/i

Europe 🇫🇷 France

data	
タイプ	リーン系・直焼き・食事パン
主要穀物	小麦粉
写真のパンのサイズ	長さ26cm×幅13cm×高さ9cm　重さ333g
発酵法など	パン酵母とルヴァン種を併用して発酵するものが多い。

　「田舎のパン」という意味があり、もとはパリ近郊地域の人々が作り、パリに売りに来ていたため、この名前がついた。「パン・グランメール（おばあちゃんのパン）」という名前でも呼ばれていたといわれる。

　本来は穀物や果実に付着している野生の酵母を増殖させた発酵種（フランスではルヴァン種と呼ばれる）を発酵源とするので、野生乳酸菌の発酵量も多くなり、酸による香り、風味、食感が通常のパンよりも強い。これを合理的に行うためルヴァン種のかわりに前日に作り冷蔵しておいたフランスパン生地を使用する方法が一般化しているが、香り、風味は控えめになる。

　一般に、素朴な味わいに加えて、日持ちがよいのが特徴。大きさは直径20cmから40cmくらいのものまであり、形はなまこ形や丸形が一般的。生地は小麦粉に10％前後のライ麦粉や全粒粉を混ぜて作ることが多いが、さまざまな配合のものがある。

野生酵母の風味を味わうハードパン
Pain au Levain
パン・オ・ルヴァン

配合例
ルヴァン種:33%
フランスパン専用粉:90%
ライ麦粉:10%
パン酵母:0.15%
食塩:2.1%
モルトシロップ:0.3%
水:約65%

焼いた翌日がいちばんの食べ頃。1週間くらいおいしさを保つことができる。/i

Europe | France

data	
タイプ	リーン系・直焼き・食事パン
主要穀物	小麦粉
写真のパンのサイズ	長さ24cm×幅24cm×高さ16cm　重さ833g
発酵法など	パン酵母を使用せず（微量使用する場合もある）種を作り、何回かリフレッシュ（種継ぎ）をして発酵力と酸味を増やして使う。

　パン酵母ができる以前からあったルヴァン種だけを発酵源とした昔ながらのパン。野生の酵母や乳酸菌の働きによって極めて味わい深くなる。このような味わいをじゃましないことが条件で、微量のパン酵母（対粉0.2％以下）の配合が可能。作る際には、ルヴァン種やパン生地の発酵管理が難しい。ルヴァン種は、穀物やフルーツなどから作るが、特にレーズンやリンゴは発酵力が高く安定性があるといわれ、よく使用される。使用する素材により、パンの香りや酸味に違いが出る。

　パンのふくらみはパン酵母を発酵源としたパンよりは劣るが、硬めの歯応えでかむほどにコクが味わえ、ルヴァン種特有の酸味が感じられる。この酸味は腐敗防止の効果もある。しっかりとした味わいと食感であらゆる料理に合う。なかでも味の強いチーズやソーセージ、スモークした肉などとともに食べると美味。

Europe 🇫🇷 France

水分量の多さが特徴
Pain de Lodève

パン・ド・ロデヴ

配合例
ルヴァン種：30%
フランスパン専用粉：70%
強力粉：30%
パン酵母：0.2%
食塩：2.5%
モルトシロップ：0.2%
水：88%

気泡の数が少なく、大きいのが特徴。
もっちりとしたクラストを味わえる。/i

data	
タイプ	リーン系・直焼き・食事パン
主要穀物	小麦粉
写真のパンのサイズ	長さ9cm×幅20cm×高さ7cm　重さ396g
発酵法など	ルヴァン種の野生の酵母と乳酸菌およびパン酵母による発酵。ゆるくベタつく生地を、パンチを繰り返してつないでいく。

　南フランスの小さな街ロデヴの名前がついたパン。パン作りの限界を超えるほど多量の水を配合する。多量の水を含んだゆるくベタつく生地は扱うのが難しい。出来のよいものは、リュスティックのようにクラムの気泡が大きく、多量の水によりリュスティック以上にモチモチ、しっとりとした食感が楽しめる。

Europe 🇫🇷 France

シンプルに小麦の味を楽しむ
Pain rustique

パン・リュスティック

配合例
フランスパン専用粉：100%
インスタントドライイースト：0.4%
食塩：2%
モルトシロップ：0.2%
水：72%

焼きたてが美味。テリーヌやペースト、リエットなど、味が濃くやわらかい料理との相性がよい。/i

data	
タイプ	リーン系・直焼き・食事パン
主要穀物	小麦粉
写真のパンのサイズ	長さ19cm×幅13cm×高さ7.5cm 重さ234g
発酵法など	パン酵母による発酵。発酵種を使用しないフランスパン生地を用いることも可能。分割した生地をまるめたり、成形したりせずにそのまま最終発酵するのが特徴。

　日本にフランスパンを伝えたレイモン・カルヴェル氏によって1983年に考案。バゲット生地をもとに「パン・ド・ロデヴ」を応用して作られた。

　気泡の数が少ないのが特徴で、クラムのモチモチした食感を味わうと病みつきになる。クラストが薄く、クラムは軽くもちっとした食感でかむほどに小麦の甘みが増し、味わい深い。

Europe France

味も見た目も素朴な全粒粉パン
Pain complet
パン・コンプレ

形は、食パンのように型に入れて焼く角形や、なまこ形が主流。/i

data	
タイプ	リーン系・直焼き・食事パン
主要穀物	小麦粉
写真のパンのサイズ	長さ24cm×幅9.5cm×高さ6.5cm 重さ249g
発酵法など	ルヴァン種とパン酵母による発酵。

　小麦のふすま（小麦をひいたときに残る皮）や胚芽をとり除かず、まるごと挽いた全粒粉（グラハム粉）が主体のパンで、名前には「完全なパン」という意味がある。

　表面は茶褐色、中身は目が細かく薄茶色をしている。全粒粉を多く含むため、重めの仕上がりに。ビタミンやミネラル、植物繊維が豊富。

Europe 🇫🇷 France

カリッとした食感が楽しいクルミパン
Pain aux noix

パン・オ・ノア

シンプルな生地と香ばしいクラスト、クルミの相性は抜群。/i

data	
タイプ	リッチ、リーン系・直焼き・食事パン
主要穀物	小麦粉
写真のパンのサイズ	長さ18cm×幅9cm×高さ6.5cm　重さ159g
発酵法など	パン酵母による発酵。

　ノアは、「クルミ」のこと。シンプルな生地にローストしたクルミが入ることで、香ばしく食感も楽しめる。また、日本ではリッチ系のものが多い。楕円形や丸形のものが多く、クルミとともにドライフルーツや、ほかのナッツが入ることもある。スライスして、バターやチーズをたっぷり合わせるのがおすすめ。

91

しっとりやわらかなフランスの食パン
Pain de mie

パン・ド・ミ

配合例
イギリスパンに類似。

焼き上がりから1〜2時間後が食べ頃。時間がたったものはトーストするのがおすすめ。/i

Europe France

data	
タイプ	リーン系・型焼き・食事パン
主要穀物	小麦粉
写真のパンのサイズ	長さ36cm×幅10cm×高さ16cm　重さ1064g
発酵法など	イギリスパンに類似。

　フランスの食パン、パン・ド・ミ。20世紀初頭にイギリスから伝わったといわれており、イギリスパンに配合が類似していて、ポピュラーなフランスパンと比べると、甘みがありしっとりとした口当たりが楽しめる。

　「ミ」とは中身のことで、バゲットのように皮のパリパリ感を楽しむパンに対し、やわらかな中身を楽しむという意味から、こう名づけられた。角形や山形、円筒形のものもある。

　シンプルでさまざまな料理との相性がよく、飽きのこない味わいが魅力。日本で日常的に食べられる食パンと食べ方は同様で、スライスしてそのままで食べたり、トーストするのが一般的。トーストしてバターやジャムをぬったり、サンドイッチやカナッペ、フランス発祥のクロック・ムッシュにしたりもする。

ポコッと出た"僧侶の頭"
Brioche à tête
ブリオッシュアテット

日本で一般的なアテットは小ぶりのサイズ。ナンテールやムスリーヌなど、大きめのものはスライスして食べる。/i

配合例
強力粉：100%
パン酵母：4%
砂糖：15%
食塩：2%
生地改良剤：0.2%
無塩バター：40%
全卵：40%
卵黄：5%
牛乳：20%

ブリオッシュナンテール

Europe 🇫🇷 France

data	
タイプ	リッチ系・型焼き・菓子パン（食事パン）
主要穀物	小麦粉
写真のパンのサイズ	長さ7cm×幅7cm×高さ7cm　重さ30g
発酵法など	1時間半〜2時間半ほど発酵させ、冷蔵庫でひと晩おく。

　卵とバターをたっぷり使用したブリオッシュは、最もリッチなパンの部類に入る。中身がきれいな黄色をしているのが特徴。表面はさっくり、なかはフワフワとやわらかい食感。フランスでは、ソーセージやフォアグラを合わせてオードブルとして出されることもある。

　フランスの砂糖を加えたパンのなかで最も古く、本来はお菓子の一種だった。お菓子の「クグロフ」や「サヴァラン」、「ガトー・デ・ロワ」は、ブリオッシュがもととなり、応用されたものである。

　ブリオッシュにはいろいろな種類があり、頭がポコッと出たかわいらしい形のブリオッシュアテット（フランス中世の僧侶の頭という意味）が一般的で、ほかにナンテール（パウンド形）、クーロンヌ（王冠形）、ムスリーヌ（円筒形）などがある。

Europe 🇫🇷 France

食感はパイ生地のようにサクサク
Croissant

クロワッサン

クロワッサン・オ・アマンド

配合例
フランスパン専用粉：100%
パン酵母：3%
砂糖：8%
食塩：2%
脱脂粉乳：4%
ショートニング：5%
水：約58%
折り込み用バター：50%

食べるときにバリバリと皮が散らかるのはおいしい証拠。時間がたったものは、オーブントースターなどで温めると風味と食感がよみがえる。/l

data	
タイプ	リッチ系・折込・天板焼き・食事パン（菓子パン）
主要穀物	小麦粉
写真のパンのサイズ	長さ17cm×幅8cm×高さ6cm　重さ40g
発酵法など	パン酵母による発酵。最近はルヴァンリキッドを併用する場合も多い。

　フランス語で「三日月」という意味で、三日月の形が基本。フランスではバターを100％使用したものはひし形、それ以外の油脂を使用した場合は三日月の形に仕上げられることが多かったが、現在はバターを使用したひし形のものがポピュラー。

　発祥については、1683年にウィーンの人々がトルコ軍の旗印の三日月をかたどったパンを焼いたことがはじまりといわれている。当時は今日のような折り込み生地のパンではなかったが、後に王妃マリー・アントワネットが嫁いだフランスに伝わって一般に普及し、やがて現在のような折り込み生地へと移行していった。

　発酵生地にバターを折り込み焼き上げることでできる、パイ生地のような層が特徴で、焼きたてほど軽い食感が味わえる。そのままではもちろん、塩けがさまざまな素材と合うのでサンドイッチにも適している。アレンジとして、アーモンドクリームを入れたり、のせたりして焼く「クロワッサン・オ・アマンド」も人気が高い。

おいしさの決め手はチョコレート
Pain au Chocolat

パン・オ・ショコラ

パリっと焼き上がったものは、側面に生地の層がきれいに出る。よく温めてチョコレートをとろけさせてもおいしい。/i

Europe France

data	
タイプ	リッチ系・折込・天板焼き・菓子パン（食事パン）
主要穀物	小麦粉
写真のパンのサイズ	長さ13cm×幅8cm×高さ4.5cm　重さ50g
発酵法など	パン酵母による発酵。

　長方形のクロワッサン生地にチョコレートを巻き込んだパンで、フランスの代表的な菓子パンのひとつ。角の丸い直方体の形が特徴。店によって、表面にスライスアーモンドがトッピングされることもある。

　口どけのよいクロワッサン生地と折り込まれたバターの風味が、チョコレートの濃厚な甘さと絶妙にマッチし、贅沢な味わいが楽しめる。クロワッサンと同様、パイ生地のように重なる層のサクサク感と、チョコレートの質がおいしさのポイント。焼いてからほどよく時間がたったものは、板状のチョコレートの硬めの食感がアクセントとして楽しめ、また、焼きたてや温めたものは、とろっとやわらかなチョコレートが美味。

　パリパリの食感が味わえる焼きたてがもっともおいしい。また、選ぶときはしっかりと焼き色がつき、大きくふくらんだものがおすすめ。

Europe
Italian Bread

イタリアのパン

縦長の地形が育んだ
あらゆる個性のパン

　パスタやピザなど、小麦粉を使った料理が有名なイタリアでは、パンも日常的に食されています。地形が南北に長く、それぞれの気候の違いから地方ごとに多くのパンが生まれました。古代ローマ時代から作られているといわれる表面にくぼみのあるフォカッチャ、

スナックのようにカリカリとした食感のスティック状のグリッシーニ、名前がスリッパを意味する四角い形のチャバッタなど、個性的なパンが多いのもイタリアのパンのおもしろいところです。

食事に添えられたり、サンドイッチにすることの多いイタリアのパン。特にイタリア料理との相性は、抜群です。生地にオリーブオイルを混ぜ込んでいたり、パンにバターではなくオリーブオイルをつけて食べる習慣も、イタリアならではといえるでしょう。

また、もともとはクリスマス菓子として有名なパネットーネもイタリアが発祥です。パネットーネ種という発酵種を使った類似の生地で、パンドーロやコロンバといった発酵菓子も作られます。

Europe Italy

モチモチ食感と小麦の甘さが美味
Ciabatta

チャバッタ

配合例
フランスパン専用粉：100%
パン酵母：1.3%
食塩：2%
モルトシロップ：1%
水：約80%

クラムの目は粗いがしっとりとしている。焼きたてがおいしいので、なるべく早く味わいたい。/b

Europe | Italy

data	
タイプ	リーン系・直焼き・食事パン
主要穀物	小麦粉
写真のパンのサイズ	長さ22cm×幅9cm×高さ3.5cm　重さ155g
発酵法など	パン酵母による発酵。イタリアではビガー種（固い中種）が使われる場合が多い。

　イタリア北部のポレシーネ地方アドリアが発祥。平べったい形から「スリッパ」や「くつの中敷」を意味するこの名前で呼ばれ、小さく丸いものは「チャバッティーナ」と呼ぶ。最近はドイツや北欧でも人気が高い。

　イタリアではフランスでいうバゲットのような存在でよく食卓に並べられる。水を多量に加えた生地を大きな気泡が目立つようにできるだけ薄くしないよう成形するのが特徴。あるパン屋さんの水を加えすぎた失敗から生まれたといわれている。クラストはカリカリとしていて、クラムは弾力がありもっちりかつしっとりとした食感。イタリアでは塩を混ぜたオリーブオイルをつけて食べるのが一般的で、トーストにもバターではなくオリーブオイルをぬり、塩をかける。水平方向にカットしてハムやチーズをはさみ、イタリアのサンドイッチ・パニーノにするのがおすすめ。

Europe Italy

ピザの原形とされる平焼きパン
Focaccia
フォカッチャ

配合例
フランスパン専用粉：100%
パン酵母：2.5%
食塩：2%
モルトシロップ：1%
オリーブオイル：7%
水：約55%

日本では丸形が多いが、イタリアでは長方形のものも一般的で、食べやすくカットして食卓に並べられる。/b

Europe 🇮🇹 Italy

data	
タイプ	リーン系・天板焼き・食事パン
主要穀物	小麦粉
写真のパンのサイズ	長さ12.5cm×幅12cm×高さ4cm 重さ123g
発酵法など	パン酵母による発酵。

　古代ローマ時代から作られてきた伝統のある平焼きパンで、イタリア北西部のジェノヴァが発祥。「火で焼いたもの」を意味し、ピザの原形ともいわれている。

　平たくのばした生地にオリーブオイルをぬり、表面に指先でくぼみをつけてから焼き上げるのが特徴。プレーンなもの以外に、ローズマリーやオリーブ、ドライトマトをトッピングしたものもある。ほかにも、バターや砂糖をまぶした甘いものや油で揚げたものなどがあり、バリエーションが豊富。

　塩けが強いフォカッチャは、ビールやキノット（イタリアでよく飲まれる炭酸ジュース）ともよく合う。おつまみとして出される際は、スティック状にカットしたものにオリーブオイルが添えられる。また、パニーノにもよく用いられる。

Europe Italy

スナックのようなカリカリの食感
Grissini
グリッシーニ

配合例
フランスパン専用粉：100%
パン酵母：3%
食塩：2%
モルトシロップ：0.5%
オリーブオイル：7%
水：約55%

ポキポキ折りながら食べる。水分が少ないので日持ちがする。/b

data	
タイプ	リーン系・直焼き・食事パン
主要穀物	小麦粉
写真のパンのサイズ	長さ18.5cm×幅1.5cm×高さ1cm　重さ13g
発酵法など	パン酵母による発酵。

　イタリア北西部のピエモンテ地方・トリノが発祥で、クラッカーのような食感が特徴。ナポレオンが「小さいトリノの棒」と呼んで好んで食べていたという。イタリアのレストランでは必ずといっていいほどメニューにある。前菜や食事のお供に、また生ハムを巻いたり、オリーブオイルをつけたりして、ワインのおつまみにするのが定番。

Europe 🇮🇹 Italy

バラ形のハード系ロールパン
Rosetta

ロゼッタ

配合例
フランスパン専用粉：100％
パン酵母：1％
食塩：2％
モルトシロップ：1％
水：約52％

焼いた当日に食べたい。花びらが大きくふくらんだものほど、軽い食感で美味。/a

data	
タイプ	リーン系・直焼き・食事パン
主要穀物	小麦粉
写真のパンのサイズ	長さ7cm×幅7cm×高さ5cm　重さ35g
発酵法など	パン酵母による発酵。

　ロゼッタは「バラ」という意味があり、5つの花びらの形が特徴で、なかが空洞になったものもある。ラードが入ったものが日本では人気が高く、ラードが入らないものはクラストのバリバリとした食感を楽しめる。料理に添えたり、上下半分にカットしてサンドイッチにも。赤身の肉料理、サラミ、生ハムとの相性がよい。

イタリアのリッチ系菓子パン
Panettone
パネットーネ

配合例
パネットーネ種：30%
強力粉：100%
砂糖：27%
食塩：0.8%
無塩バター：30%
卵黄：22%
水：約32%
サルタナレーズン：35%
オレンジピール：12%
レモンピール：12%

型ごとタテにカットするのが本場流。マスカルポーネチーズや生クリームとよく合う。/b

data	
タイプ	リッチ系・型焼き・発酵菓子
主要穀物	小麦粉
写真のパンのサイズ	長さ15cm×幅15cm×高さ12cm　重さ708g
発酵法など	本来は、パネットーネ種のみを用い、20時間近くかけて作る。合理化を目的にパン酵母を併用する場合もあるが、特殊な味わいが低下する。

　ミラノ発祥のクリスマス向けの発酵菓子で、クリスマスになると知人や親戚に贈る習慣があるが、現在は１年を通して親しまれている。

　パネットーネの由来はさまざまいわれており、その１つが「トニーのパン」が転じてパネットーネになったという説。トニーとはミラノの菓子店主の名前で、彼が作った菓子が大ヒットして、今日に伝わっているという。

　パネットーネの魅力は、ドライフルーツとフワフワの生地による贅沢な味わい。パン酵母ではなく、野生の酵母と乳酸菌を特殊な方法で増殖させたパネットーネ種で発酵する。この方法は手間がかかるが、香りや風味がよく、長期保存が可能になる。

　小さいサイズの「パネットンチーノ」、アーモンド粉と卵白、砂糖で作ったトッピングをまぶした「パネットーネ・マンドルラート」もある。

Europe | Italy

卵とバターがたっぷりの贅沢な配合

Pan Doro

パンドーロ

配合例

パネットーネ種：20%
フランスパン専用粉：100%
パン酵母：0.6%
砂糖：32%
食塩：0.9%
はちみつ：4%
無塩バター：33%
カカオバター：2%
全卵：60%
卵黄：5%
牛乳：12%

焼き上げた翌日以降が食べ頃。本来のパネットーネ種で作ったものは、1か月ほど日持ちがする。/i

data	
タイプ	リッチ系・型焼き・発酵菓子
主要穀物	小麦粉
写真のパンのサイズ	長さ16cm×幅16cm×高さ14.5cm 重さ221g
発酵法など	パネットーネと同様。

　シュトーレンやパネットーネとともに、クリスマスの発酵菓子としてポピュラー。名前は「黄金のパン」を意味し、卵やバターをたっぷりと贅沢に使用して焼き上げられる。やわらかい生地は口どけがよく、甘さと発酵の風味が広がる。

　黄色いクラムと星形が特徴で、小型のものは「パンドリーノ」と呼ぶ。

Europe Italy

復活祭の象徴である鳩の形
Colomba
コロンバ

斜めにカットして食べることが多い。表面のあられ糖のカリカリとした食感がアクセント。/i

data	
タイプ	リッチ系・型焼き・発酵菓子
主要穀物	小麦粉
写真のパンのサイズ	長さ26cm×幅18.5cm×高さ9cm　重さ591g
発酵法など	パネットーネと同様。

　正式名称は「コロンバ・パスクワーレ」といい、コロンバは「鳩」、パスクは「復活祭」を意味する。パンドーロ生地にオレンジピールを混ぜ込み、鳩をかたどった型で焼く、復活祭を祝う発酵菓子。

　デザートとして甘くて自然な口どけを楽しむほか、甘口のスパークリングワインとも合う。

Europe
Danish Bread

デンマークのパン

世界で愛される
デニッシュの本場

　デンマークのパンでもっとも有名なのは、デニッシュ（デニッシュペストリー）です。「デンマークの」という意味の名前がつくように、デンマークパンの代表格といえます。アメリカや日本では「デニッ

シュ」と呼ばれていますが、現地デンマークでは「ヴィエナーブロート」という名前で呼ばれています。もともとはオーストリアのウィーンから製法が伝わったといわれるために、「ウィーンのパン」を意味するこの名前で呼ばれるようになったという説もあります。

発酵生地にバターを折り込んで焼き上げたパンで、バターのリッチな風味とサクサクと軽い食感がいちばんの特徴です。デンマークではこの生地を用いて、フィリングやトッピングを加えるなど、さまざまな種類のパンやペストリーが作られ、普段のおやつや朝食、お祝いの際など、実に多くのシーンで見ることができます。

また、デニッシュ以外にも食事用のパンとして、ライ麦パンや小麦の白パンもポピュラーです。夕食にはライ麦パンが並ぶことが多く、白パンは朝に食べられることが多いようです。

Europe ✚ Denmark

バターの風味豊かな生地を楽しむ
Tebirkes

ティビアケス

配合例
強力粉:75%
薄力粉:25%
パン酵母:8%
砂糖:8%
食塩:0.8%
マーガリン:8%
全卵:20%
水:40%
ロールイン油脂
（バターまたは
マーガリン）:
92%

軽い食感が保てる焼いた当日が美味。紅茶やコーヒーと一緒に。/a

data	
タイプ	リッチ系・折込・天板焼き・菓子パン（食事パン）
主要穀物	小麦粉
写真のパンのサイズ	長さ8.5cm×幅7.5cm×高さ4.5cm　重さ50g
発酵法など	パン酵母による発酵。

　デンマークでは定番のデニッシュペストリーで、ティは「お茶」、ビアキスは「白ケシの実」という意味。表面にケシの実をトッピングするのが特徴で、形は先の丸い台形。写真のように黒ケシを使用することもある。

　層になった薄い生地がサクサクと軽く、豊かなバターの風味とほのかな甘みが感じられる。

Europe ✚ Denmark

3つの穀物で食物繊維が豊富
Trekornbroad
トレコンブロート

配合例
強力粉:80%
ライ麦粉:10%
小麦全粒粉:10%
パン酵母:1.7%
食塩:2%
黒ゴマ:10%
水:67%
白ゴマ:適宜

薄めにスライスするのがおすすめ。
スープやシーフード、野菜料理などと好相性。/a

data	
タイプ	リーン系・直焼き・食事パン
主要穀物	小麦粉
写真のパンのサイズ	長さ30cm×幅11cm×高さ9cm　重さ610g
発酵法など	パン酵母による発酵。

　トレコンブロートのトレは「3つの」、コンは「穀物」という意味で、小麦全粒粉、ライ麦粉、ゴマを混ぜ合わせたデンマークの伝統的なパン。表面にもなかにもたっぷりのゴマが使用されている。
　サーモンや白身魚との相性がよく、サンドイッチにするのがおすすめ。スープにもよく合う。

Europe 🇩🇰 Denmark

切り分けてみんなに幸せを配る
Large Kringle
ラージクリンゲル

焼き上がった当日が美味。ブラックコーヒーや紅茶とともに、クリームの甘みを楽しむ。/a

Europe 🇩🇰 Denmark

data	
タイプ	リッチ系・折込・天板焼き・菓子パン
主要穀物	小麦粉
写真のパンのサイズ	長さ28cm×幅20cm×高さ3.5cm　重さ430g
発酵法など	パン酵母による発酵。

　ラウゲンブレッツェルや、ひらがなの「め」にも見える形が特徴のラージクリンゲルは、特別な日のためのペストリー。デンマークでは、誕生日を迎える人が自ら買い求め、自分の幸せを分けるためにまわりの人たちにふるまう習慣がある。誕生日やクリスマスなど、お祝いには欠かせないケーキのような存在。

　バターを折り込んだデニッシュ生地にバターペースト、マジパンペーストを順にぬり、カスタードクリームを絞ってラムレーズンを散らす。それらを筒状に包み込み、少し平らにしてから成形。表面にはアーモンドスライスをトッピングする。

　表面はサクッと香ばしく、なかのクリームはしっとりとしていて、食感の違いが楽しめる。また、バターの風味とクリームの甘みが絶妙にマッチする。

Europe 🇩🇰 Denmark

平べったい形の代表的ペストリー
Copenhagener
コペンハーゲナー

デンマークでポピュラーかつ
伝統的なペストリー。好みで
コーヒー、紅茶と合わせて。/a

Europe ✚ Denmark

data	
タイプ	リッチ系・折込・天板焼き・菓子パン
主要穀物	小麦粉
写真のパンのサイズ	長さ7cm×幅7cm×高さ2cm　重さ82g
発酵法など	パン酵母による発酵。

　デンマークの都市、コペンハーゲンの名前がついたペストリーで、日本でも人気がある。デニッシュといえばデンマークが有名だが、もともとはオーストリアのウィーンが発祥といわれている。オーストリアでは、デニッシュ全般のことをコペンハーゲナーと呼ぶこともある。

　デンマークのデニッシュは、折り込むバターの量が多く、サクサク感が重視される。また、平べったい形のものが多い。

　さまざまな種類があるなかで、写真のものは、デニッシュ生地にクルミやレーズン、はちみつなどを合わせたフィリングを包んでいる。

　焼きたての食感がもっともおいしいので、早いうちに食べた方がよい。時間がたってしまった場合は、オーブントースターで加熱すると食感が戻る。加熱しすぎると水分がとんでしまうので注意。

カスタードクリームが主役
Spandauer
スパンダワー

焼きたてがおいしい。オーブントースターなどで温めると、サクサク感がよみがえる。/a

data	
タイプ	リッチ系・折込・天板焼き・菓子パン
主要穀物	小麦粉
写真のパンのサイズ	長さ10cm×幅10cm×高さ3.5cm　重さ70g
発酵法など	パン酵母による発酵。

　デンマークの代表的なペストリーのひとつで、日本でも人気がある。デニッシュ生地にマジパンを加え、中央にカスタードクリームを包んで焼き上げる。表面にはシュガーグラスとアーモンドスライスをのせることが多い。

　しっとり濃厚なカスタードクリームと軽い食感の生地が相性抜群。

Europe 🇩🇰 Denmark

チョコがのったまん丸なペストリー
Chokoladebolle
チョコボーラ

カスタードクリームとともに煮たリンゴが入っていることも。時間がたつとチョコレートの部分が重みでくぼんでくる。/a

data	
タイプ	リッチ系・折込・天板焼き・菓子パン
主要穀物	小麦粉
写真のパンのサイズ	長さ9cm×幅9cm×高さ5cm　重さ60g
発酵法など	パン酵母による発酵。

「ショコレーゼ・ボロ」とも呼ばれるデンマークでポピュラーなペストリー。なかにカスタードクリームが入り、丸い形と上部のチョコレートのコーティングが目印。なかの空洞がはっきりしているものほど、香りも味もよいとされている。サクサクとした生地の香ばしさと上品な甘さには、コーヒーがよく合う。

Europe
Finnish Bread

フィンランドのパン

寒い国で生まれた
ヘルシーでやさしい味わい

　寒冷地のフィンランドでは、肉や魚介の料理とともに、ハード系のライ麦パン、ゆでたじゃがいもなどが頻繁に食卓に並びます。フィンランドのライ麦パンは、色や形など、見た目にインパクト

の強いものが多いですが、食べてみるとやさしい味わい。酸味に加え甘みがあり、かみしめるほどに旨みが広がります。ライ麦粉や全粒粉を使用するため、食物繊維やビタミン、ミネラルなどの栄養素が豊富に含まれ、カロリーが控えめなのも特徴です。この食環境が影響しているためか、フィンランドは大腸がんの発生率が低い国として知られています。

　大きくずっしりと重みのあるルイスリンプ、平たいドーナツ形のフィアデンリング、まっ黒でツヤがあり、マッシュポテトを練り込んだペルナリンプなど、ほかの国では見られないさまざまな特徴を持ったパンがあります。ミルク粥を薄い生地で包み込んだカレリアンピーラッカなど、初めて食べる人には新たなおいしさの発見となるでしょう。

Europe 🇫🇮 Finland

フィンランドの伝統的ライ麦パン
Ruis Limppu
ルイスリンプ

スモークサーモンや
チーズをのせたオー
プンサンドにするのも
おすすめ。／|

data	
タイプ	リーン系・直焼き・食事パン
主要穀物	ライ麦粉
写真のパンのサイズ	長さ20cm×幅20cm×高さ4.5cm　重さ715g
発酵法など	ライ麦粉サワー種とパン酵母による発酵。

　寒冷地フィンランドでは、良質な小麦を作るのが難しく、パンといえばライ麦パンが主流。ルイスは「ライ麦」という意味で、ルイスリンプはライ麦全粒粉を主体に小麦粉を配合して焼いたパンをいい、フィンランドでは古くから日常的に食べられている。

　ライ麦粉サワー種を用いるため、強い酸味のある独特の味わいで、食べたときに全粒粉のツブツブとした舌触りがあるのも特徴。形や色などは、店によってさまざま。

　ずっしりと重みがあり、目が詰まったクラムは、かみしめるほどにライ麦の旨みが広がる。薄くスライスして、ペーストや肉の煮込み料理など、味の濃い料理に合わせると美味。ミルクをたっぷり入れたヘーゼルナッツコーヒーと酸味がよく合う。

Europe ✦ Finland

酸味に甘みが加わり食べやすい
Happan Limppu

ハパンリンプ

ライ麦全粒粉が入り、食物繊維が豊富でヘルシーなのは、フィンランドのパンの特徴。／C

Europe Finland

data	
タイプ	リーン系・直焼き・食事パン
主要穀物	ライ麦粉
写真のパンのサイズ	長さ23.5cm×幅10.5cm×高さ2.5cm 重さ450g
発酵法など	ライ麦粉サワー種とパン酵母による発酵。

　フィンランドのパンは形によって名前が異なり、基本的になまこ形のものをリンプと呼ぶ。しかし実際には、丸形でリンプと名前のつく製品も多い。

　ハパンは「酸味」という意味で、その酸味が特徴だが、それに加えて甘みと塩けもあるので、ライ麦パンに慣れない人でも比較的食べやすい。クラストは硬く表面に大きなひびが入り、ライ麦粉がかかっていて、クラムはしっとりとした食感。

　薄くスライスしてバターをぬり、スモークハムや脂ののった肉、レバーペースト、魚介類なら特に、にしんやオイルサーディン、生ガキなどと合わせると美味。ミネストローネや魚介類のスープなどのさっぱりした料理にも合う。チーズやハム、野菜でサンドイッチにするのもおすすめ。

Europe ✦ Finland

糖蜜とじゃがいもの甘みがやさしい
Peruna Limppu

ペルナリンプ

レタスやハム、サーモンなどを用いたオープンサンドにするのがおすすめ。／C

data	
タイプ	リーン系・直焼き・食事パン
主要穀物	ライ麦粉
写真のパンのサイズ	長さ12cm×幅12cm×高さ7cm　重さ330g
発酵法など	ライ麦粉サワー種とパン酵母による発酵。

　ライ麦全粒粉を主体とした生地にすりつぶしたじゃがいもを練り込んだ、伝統的な田舎パン。フィンランドでは家庭でよく食べられている。

　ツヤツヤとしてまっ黒な見た目はインパクトが強い。このツヤは、表面に糖蜜がぬってあるためで、手触りはベタベタとしている。なかには糖蜜をぬらないタイプもある。もっちりとした食感で、ライ麦粉が主体であるにもかかわらず酸味やクセが控えめで、糖蜜とじゃがいものやさしい甘みがあり食べやすい。一般的に生地にキャラウェイシードを混ぜ込んだものが多く、また、食物繊維やビタミンが豊富で、栄養価が高い。

　そのままでも温めてもおいしく、バターやチーズとの相性がとてもよい。

Europe 🇫🇮 Finland

ライ麦を強く感じる薄型パン
Hapan Leipa
ハパンレイパ

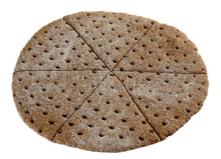

食べやすい大きさに切ったあと、さらに上下半分に薄く切り分け、ハムやチーズといった具材をはさむのが一般的。／l

data	
タイプ	リーン系・直焼き・食事パン
主要穀物	ライ麦粉
写真のパンのサイズ	長さ24cm× 幅24cm× 高さ1cm　重さ320g
発酵法など	ライ麦粉サワー種とパン酵母による発酵。

　ライ麦粉を主体としたパンで、形は薄くて大きな丸形。なまこ形になると「ハパンリンプ」と呼ばれる。表面にはピケローラーなどで小さな穴をあけることが多い。ライ麦パン特有の酸味と風味が強く、クセのある味わい。店によって平たいドーナツ形をしたものもあり、その形は、以前穴に棒を通して保存していた名残りと考えられている。

Europe ✳ Finland

溝で割る、ライ麦全粒粉パン
Fiaden Ring
フィアデンリング

溝に沿って割っていただく。バターをぬったり、好みの具材をトッピングして食べるのがおすすめ。／c

data	
タイプ	リーン系・直焼き・食事パン
主要穀物	ライ麦粉
写真のパンのサイズ	長さ20cm×幅20cm×高さ1cm　重さ300g
発酵法など	ライ麦粉サワー種とパン酵母による発酵。

　薄いドーナツ形で、表面のザラザラとした質感と放射状の溝が特徴。主食としてよく食べられている。中央の穴に棒をさして陳列、保存される。
　ライ麦全粒粉が主体で、ツブツブとした舌触り。ライ麦の風味が強く、ずっしりとした生地はかみ応えがある。

フィンランドでは朝食でおなじみ
Karjalan Piirakka
カレリアンピーラッカ

配合例
● 生地
ライ麦粉：100%
食塩：1.8%
水：67%
● フィリング（リーシプロ）
米：100%
食塩：3%
牛乳：113%
水：188%

温かいうちが美味。冷めたものはオーブントースターなどで軽く温めるとよい。／c

data	
タイプ	リーン系・天板焼き・食事パン
主要穀物	ライ麦粉
写真のパンのサイズ	長さ12cm×幅5cm×高さ1.5cm　重さ60g
発酵法など	発酵は行わない。

　フィンランド東部のカレリア地方のパン。ピーラッカは「包んだ」
という意味で、パイのことを指す。スナックとして売られていたり、
家庭でもよく作られ、フィンランド全土で食べられている。結婚式
や式典でパンの代わりに出されることもあり、フィンランド人にとっ
ては欠かせない存在。

　発酵を行わないライ麦粉の薄い生地に「リーシプロ」と呼ばれ
るミルク粥を包み、蒸気をかけて焼き上げる。中身がマッシュポ
テトなどの場合もある。ほのかな甘みがあり、しっとりとした食感。
フィンランドでは、上にムナボイというペースト（バターにみじん切
りのゆで卵を混ぜたもの）をのせて食べるのが一般的。朝食とし
て食べたり、甘いものやコーヒーを添えて来客時に出されることも。

Europe
English Bread

イギリスのパン

アフタヌーンティーなどイギリス特有の文化にパンは欠かせません。

コーンミールがアクセント
English Muffin

イングリッシュマフィン

Europe 🇬🇧 England

data	
タイプ	リーン系・型焼き・食事パン
主要穀物	小麦粉
写真のパンのサイズ	長さ9cm×幅9cm×高さ3.3cm　重さ65g
発酵法など	パン酵母による発酵。

　専用の型を使って焼くイギリスの伝統的なパンで、水をたっぷり入れた生地が特徴。食べる前にトーストすることを前提にしているので、完全には火を通さずに焼き上げる。そのため、たっぷりと水分が残り、もっちりとした食感になる。表面のツブツブはコーンミール。もとは、発酵した生地が鉄板にくっつかないための工夫だったが、香ばしさを出す役割もしている。

　イングリッシュマフィンはアメリカのマフィンと区別するための名前で、イギリスでマフィンといえばこのパンのことを指す。

　上下半分のところで割ってオーブントースターでこんがりと焼き、断面にバターをたっぷりしみ込ませると一層おいしい。チーズやハム、目玉焼きなどをはさむのもおすすめ。

フォークを使って上下半分のところでザックリと割り、トーストしてからいただく。／a

Europe 🇬🇧 England

甘さ控えめのあっさり味
English Bread
イギリスパン

あっさりとした味わいはどんな素材にも合うので、イギリス発祥のサンドイッチにもピッタリ。／a

配合例
強力粉：100%
パン酵母：2%
砂糖：4%
食塩：2%
脱脂粉乳：1%
ショートニング（またはバター）：4%
水：約70%

Europe 🇬🇧 England

data	
タイプ	リーン系・型焼き・食事パン
主要穀物	小麦粉
写真のパンのサイズ	長さ18.5cm×幅11.5cm×高さ16cm 重さ450g
発酵法など	パン酵母による発酵。

　ふっくらとした山形のイギリスパン。型に入れてフタをせずに焼くため、上部がふくれ上がってこのような形になる。山の数は2〜4つなど、さまざま。「ティン」という型を用いるので、「ティンブレッド」とも呼ばれる。

　起源は、コロンブスがアメリカ大陸を発見した時代に、持ち運びやすく一度にたくさんの人に分けられるようにと、開拓者のために作られたパンだといわれている。

　イギリスパンは、ほかの食パンに比べてきめが粗く、甘さ控えめであっさりとした味わいが特徴。8枚切りくらいの薄めにスライスしてカリカリにトーストし、バターをたっぷりぬるのがイギリス流の食べ方。また、ハムや野菜などの具材をはさむサンドイッチをはじめ、アレンジは自在。

Europe 🇬🇧 England

イギリスのティータイムの定番
Scone
スコーン

アルミホイルで包み、オーブントースターで食べる直前に温めると一層おいしくなる。／a

Europe 🇬🇧 England

data	
タイプ	リッチ系・天板焼き・無発酵
主要穀物	小麦粉
写真のパンのサイズ	長さ6.5cm×幅6.5cm×高さ5cm　重さ55g
発酵法など	ベーキングパウダーでふくらませる。

　スコットランドが発祥で、もともとは大衆的なビスケットの一種。18世紀のビクトリア王朝時代に貴族の間で流行り、それ以来イギリスの習慣、アフタヌーンティーには欠かせない存在となった。イギリス南西部のデボン州に昔から伝わるクロテッドクリーム（乳脂肪率と脂肪分の多い濃厚なクリーム）やジャムをぬるのがポピュラーな食べ方。スコーン、クロテッドクリーム、ジャム、紅茶のセットのことを「クリームティー」と呼び、これもイギリスの喫茶習慣のひとつである。

　外側はさっくり、なかはしっとりしているのが特徴。上部が持ち上がり、側面に割れ目が入ったものがおいしいとされる。生地にパン酵母を使用せずベーキングパウダーでふくらませるので、家庭でも手軽に作ることができる。

Near and Middle East

Russian Bread

ロシアのパン

ピロシキや黒パンが代表的。
家庭料理やお祝い事など
多くのシーンで登場します。

家庭ごとの手作りの味
Pirozhki
ピロシキ

配合例
小麦粉：100%
パン酵母：3%
砂糖：10%
食塩：1.2%
バター：5%
全卵：17%
牛乳：20%
水：20%

data	
タイプ	リーン系・天板焼きまたは油で揚げる・食事パン（菓子パン）
主要穀物	小麦粉
写真のパンのサイズ	長さ6.5cm×幅8.5cm×高さ4cm　重さ84g
発酵法など	パン酵母による発酵。

　ロシア料理に欠かせないピロシキ。パン生地で肉や野菜などの具材を包んだもので、日本では揚げたものが主流だが、本場ロシアでは焼いたものがポピュラー。ロシアでは、パンというよりは、代表的な粉料理と考えられている。もともとは家庭料理で、旬の食材や家にある材料を具材として包み、大きさや形も、それぞれの家庭や店ごとに異なる。

　揚げたてや焼きたてがもっともおいしく、生地はさっくりとやわらかい食感。ロシアンティーやウォッカとの相性がよい。ロシアでは、おやつや軽食としてだけでなく、パーティーなどのフォーマルな場で前菜、ときにはメイン料理として出されることもある。

揚げたては少し硬いが、5分程度でフワフワとやわらかくなる。冷めてもほとんど食感は変わらない。／o

Near and Middle East 🇷🇺 Russia

ボルシチのおともとして定番
Rye Bread
黒パン

焼き上がって24時間ほど置いてからが食べ頃。／o

data	
タイプ	リーン系・型焼き・食事パン
主要穀物	ライ麦粉
	長さ17cm×幅8.5cm×高さ11cm　重さ733g
発酵法など	パン酵母とライ麦粉サワー種による発酵。

　粗挽きライ麦粉に小麦粉とそば粉を配合して焼いた黒パン。型に入れて焼くワンローフ形のものが多く、独特の酸味とずっしりとした重みが特徴。クラストは硬め、クラムは目が詰まっていて、しっかりとしたかみ応えがある。

　パン酵母の種の生成や発酵、焼成それぞれに時間と手間がかかり、成形も難しい。

　ロシアでは主食として食卓に並び、ボルシチなどには欠かすことができない。薄くスライスしてサワークリームやバターをぬったり、キャビアやサーモン、オイルサーディンといった塩けの多い素材をのせてオードブルとしてもふるまわれる。軽くトーストするとクラストがカリッとした食感になり、また違ったおいしさを味わえる。

　ちなみに、ロシアといえば黒パンが有名だが、白パンも日常的に食べられている。

Near and Middle East
Turkish Bread

トルコのパン

色の白い平形や丸形のパンが豊富。
現地ではフランスパン風の
棒状のパンも食べられています。

バリエーション豊かなトルコのパン
Ekmek

エキメキ

なかが空洞のポケットパンタイプのものは、半分に切って具材をはさんでも美味。／h

Near and Middle East 🇹🇷 Turkey

data	
タイプ	リーン系・直焼き・食事パン
主要穀物	小麦粉
写真のパンのサイズ	長さ19cm×幅14cm×高さ9cm　重さ54g
発酵法など	パン酵母による発酵。

　トルコ語でエキメキは、パンの総称。フランスパン風の棒状の
パンやナンのような平形パンなど、さまざまなパンをエキメキと呼ぶ。
　トルコではパンが主食になることが多く、煮込み料理やスープ、
サラダなど、おかずといっしょに食べられる。トルコで欠かせない
食材のナスやトマトをピューレ状にしたものを、ソースとして肉な
どにかけてパンにはさんだものもポピュラー。バターやはちみつと
の相性もよく、おやつとして紅茶とともに食べてもおいしい。
　写真のエキメキは、焼きたてで大きくふくらんでいるが、時間と
ともに少しずつしぼんでいく。表面のゴマと焦げ目が香ばしいシ
ンプルな味わい。ちぎりながら料理とともにいただく。日本のトル
コ料理店でも、店によって提供されるエキメキはさまざまなので、
食べ比べてみると楽しい。

もっちり食感のトルコ風のピザ
Pide
ピデ

表面にゴマがのったシンプルなもの。モチモチとしていて、香ばしい味わい。／h

具材をのせて焼いたピデ

data	
タイプ	リーン系・直焼き・食事パン
主要穀物	小麦粉
写真のパンのサイズ	長さ15cm×幅14.5cm×高さ1.5cm 重さ83g
発酵法など	パン酵母による発酵。

　主にトルコの東部で食べられているトルコ風のピザ。イタリアのピザの原形ともいわれている。

　何ものせない丸形のものや、小船のような形にのばしてチーズや具材をのせたものなど、店によって形が異なる。具材は、ほうれん草、ピーマン、トマト、牛ひき肉、チーズなど、バリエーションが豊富。

Near and Middle East 🇹🇷 Turkey

カレーに合うシンプルな薄焼きパン
Lavash

ラバシュ

なかが空洞になっていて、焼きたては少しふくれている。／h

data	
タイプ	リーン系・直焼き・食事パン
主要穀物	小麦粉
写真のパンのサイズ	長さ20cm×幅20cm×高さ6cm 重さ78g
発酵法など	パン酵母による発酵。

　トルコをはじめとする中近東で食べられている平焼きパンで、表面の焦げ目が香ばしく、薄い生地が特徴。

　料理とともにちぎって食べたり、肉などを入れてサンドイッチにしたりする。シンプルな味わいがカレーやチーズ、ケバブといった味が濃いめの料理とよく合う。

Near and Middle East

Near and Middle East's Bread

中近東のパン

中近東はパンの故郷といわれる地域。
広範囲に渡り、
フラットブレッド（平焼きパン）が
食べられています。

肉や野菜をはさみ、サンドイッチに

Schime(Pita)

シャミー（ピタ）

配合例
小麦粉：100%
パン酵母：1%
砂糖：0.5%
食塩：1%
水：55%

148

data	
タイプ	リーン系・直焼き・食事パン
主要穀物	小麦粉
写真のパンのサイズ	長さ20cm×幅20m×高さ0.5cm　重さ90g
発酵法など	パン酵母で発酵させることが多いが、無発酵のものもある。

　エジプトやシリアではシャミー、アメリカやカナダでは「ピタ」という名前が一般的。日本でも「ピタパン」として、具材を入れて食べるのがポピュラー。高温で短時間焼くことで、なかにポケット状の空洞ができるので、「ポケットブレッド」とも呼ばれる。なかには、空洞がなく、丸形で白く、フワフワとやわらかい食感のものもある。

　カットしてさまざまな食材を詰め、サンドイッチとして手軽に食べることができ、手を汚さず、また食べやすいのがうれしい。クセがなくあっさりとしたシンプルな味わいなので、和・洋・中など、幅広い食材と合わせて楽しめる。また、表面がカリッとするまで焼いても美味。そのままちぎって料理とともに食べることも多いが、具材をのせてピザのように焼いて食べることも。

スープや豆カレーに添えたり、はちみつやジャムをぬっておやつにも。／c

Near and Middle East

North American Bread

アメリカのパン

原住民や移民、各国の文化が混ざり合ったアメリカでは、パンも多種多様です。

ヘルシーなのに食べ応え充分

Bagel

ベーグル

配合例
強力粉：50%
高蛋白粉：50%
パン酵母：4%
砂糖：3%
食塩：2%
モルトシロップ：0.3%
ショートニング：3%
水：52%

data	
タイプ	リーン系・熱湯処理・天板焼き・食事パン
主要穀物	小麦粉
写真のパンのサイズ	長さ9.5cm×幅9.5cm×高さ2cm　重さ70g
発酵法など	パン酵母による発酵。

　かつて、ユダヤ人が日曜日の朝食に食べていたパンで、アメリカに移住する際に持ち込んで広がり、ニューヨークで有名なパンとなった。

　ふっくらとしたドーナツのような形は、棒状にした生地の端をつなぎ、リング状に成形して作る。生地を熱湯にくぐらせてから焼くことで、もっちりとした食感と表面のツヤが生まれる。目が詰まっていてずっしり、かつもっちりとした食感はこのパン特有で、食べ応えがありながら低脂肪、低カロリー。

　日本でも人気があり、ベーグル専門店があるほど。ソフトなものや、生地にナッツやフルーツを練り込んだものなど、豊富なバリエーションが楽しめる。

　そのまま食べるのはもちろん、上下半分にカットして具材をはさんで食べてもおいしい。

オーブントースターで加熱するのがおすすめ。表面が香ばしく、歯切れがよくなる。／c

North America America

ハンバーガーでおなじみのふんわりパン

Bun

バン

カットした断面を少しトーストしてからハンバーガーにすると、さっくり香ばしくなる。／c

ホットドッグバンズ

data	
タイプ	リッチ系・天板焼き・食事パン
主要穀物	小麦粉
写真のパンのサイズ	長さ7cm×幅7cm×高さ2cm　重さ40g
発酵法など	パン酵母による発酵。

　英語圏で、小さい丸形や細長いロールパンを総称して「バン」と呼び、日本語では「バンズ」と複数形にした呼び方が定着している。ふんわりやわらかく甘みがあり、クセがないため、合わせる肉や野菜の味わいをじゃましない。

　丸形のものは、ハンバーガーバンズとして一般的。上下半分にカットして、ハンバーグや野菜などの具材をはさむ。カットした際の上部分はクラウン、下部分はヒールと呼ばれる。細長いものは、ホットドッグバンズと呼ばれ、タテに切れ目を入れてソーセージなどをはさむ。

　ハンバーガー、ホットドッグともに、アメリカを代表するファストフード。お店によってバンズや具材にアレンジを加え、新たな商品が開発されている。

サワー種の酸味がさわやか
San Francisco Sour Bread
サンフランシスコサワーブレッド

「サンフランシスコサワーフレンチ」とも呼ばれる。酸味が魚介料理と好相性。／C

data	
タイプ	リーン系・直焼き・食事パン
主要穀物	小麦粉
写真のパンのサイズ	長さ20cm×幅7cm×高さ6cm　重さ230g
発酵法など	サンフランシスコサワー種による発酵。

　名前の通り、サンフランシスコで生まれた酸味のあるパン。見た目はバゲットやバタールなどのフランスパンに似ているが、食べると酸味と独特の風味が広がる。この風味は、サンフランシスコ固有のサワー種を用いるために生まれる。

　1849年にカリフォルニア州ではじまったゴールドラッシュで、当時金鉱を掘っていた人々が食べていたパンが由来といわれ、今では、サンフランシスコの名物として売られている。サンフランシスコの観光地フィッシャーマンズワーフでは、中身をくり抜いてクラムチャウダーを入れたものを「クラムチャウダーボールブレッド」と呼び、人気が高い。

　食感はフランスパンに似ていて、クラストが硬め。クラムはしっとりとしてコシがある。

North America 🇺🇸 America

カップ型で焼いた甘いベーカリー菓子
Muffin

マフィン

できたてが美味。冷めたらオーブントースターで温めて。／C

data	
タイプ	リッチ系・菓子
主要穀物	小麦粉
写真のパンのサイズ	長さ7cm×幅7cm×高さ7.5cm　重さ80g
発酵法など	ベーキングパウダーでふくらませる。

　パン酵母は使用しないが、日本のパン屋さんで定番の商品。砂糖や卵を配合したリッチな生地を用い、カップ型で焼く。フワフワとやわらかく、油脂分は少なめなので少し乾いた食感。日本の甘食の元祖ともいわれている。甘いものがポピュラーで、何も入れないプレーンなもの以外に、フルーツやナッツ、チョコチップを混ぜ込むなど、そのバリエーションはさまざま。塩けのきいたタイプもある。

　ベーキングパウダーを使って混ぜて焼くだけなので、家庭でも手軽に作れるのがうれしい。

　朝食やおやつとして食べることが多く、コーヒーや紅茶とよく合う。甘みのあるタイプのものをオーブントースターで温め、バターをぬって食べると、異なった味わいが楽しめる。

揚げた菓子パンの代表格
Doughnut
ドーナツ

揚げたてがもっともおいしい。油がベタつかないうちに味わいたい。／C

ケーキドーナツ

data	
タイプ	リッチ系・揚げ菓子パン
主要穀物	小麦粉
写真のパンのサイズ	長さ8cm×幅8cm×高さ2cm　重さ45g
発酵法など	パン酵母を使ったイーストドーナツと、ベーキングパウダーなどの発酵源を使ったケーキドーナツがある。

　ドーナツの元祖は、オランダの「オリーボル」という揚げ菓子とされており、もとは揚げた生地の上にクルミがのっていた。ドウ(生地という意味)の上にナッツがのるため、この名前がついたといわれている。

　砂糖、卵、乳製品などを配合した生地をリング状にして油で揚げる。リング状の形はアメリカで生まれたといわれ、熱の通りをよくして均一に揚げるための工夫。揚げたては表面がサクッとして、中身はフワフワとやわらかい。

　写真中央はアイシングでコーティングをした「グレーズドーナツ」。写真左下は、無発酵のケーキドーナツ。店によっていろいろな種類が作られており、ジャムなどを入れた穴のないものやツイストしたものなど、さまざまな形もある。

North America 🇺🇸 America

シナモンの香りと甘さたっぷり
Cinnamon Roll
シナモンロール

フワフワ感のあるうちが食べ頃。アイシングが少し溶ける程度に温めると、生地がふんわりして美味。／C

North America 🇺🇸 America

data	
タイプ	リッチ系・天板焼き・菓子パン
主要穀物	小麦粉
写真のパンのサイズ	長さ8cm×幅8cm×高さ3cm　　重さ45g
発酵法など	パン酵母による発酵。

　発祥はスウェーデンと考えられていて、スウェーデンではシナモンロールの日（10月4日）があるほど愛されている存在。日本でもパン屋さんやファストフード店、カフェなど、いろいろなところで売られている。本場アメリカでは日本で見かけるものよりも大きめサイズで甘みも強く、朝食やおやつによく食べられる。

　長方形にのばした生地に砂糖やシナモンを巻き込んで渦巻き状に焼き、表面にアイシングをたっぷりかけたものが一般的。クリームチーズ風味のアイシングがかかったものもある。

　さっくりとした生地にシナモンの香りと甘みがリッチに広がる。時間がたつと砂糖が溶けてベタつくので、早いうちに食べるのがおすすめ。甘みが強いため、ブラックコーヒーや紅茶と合わせたい。

North America 🇺🇸 America

シンプルでアレンジ自在
White Bread
ホワイトブレッド

トーストしてバターとメープルシロップをたっぷりぬっても美味。／c

data	
タイプ	リーン系・型焼き・食事パン
主要穀物	小麦粉
写真のパンのサイズ	長さ17.5cm×幅8cm×高さ8cm　重さ350g
発酵法など	パン酵母による発酵。

　型にフタをして焼く、オーソドックスな角形の食パンで、食パンの原形ともいわれている。アメリカではワンローフ形に焼くのがポピュラー。

　トーストをはじめ、サンドイッチやホットサンドなど、幅広くアレンジができる。シンプルな味なので、パンチの効いた具材を合わせるのがおすすめ。

North America 🇺🇸 America

全粒粉の色味と素朴な味
Whole Wheat Bread
ホールウィートブレッド

アメリカでは、1ポンドの重さのものが一般的。／c

data	
タイプ	リーン系・型焼き・食事パン
主要穀物	小麦粉
写真のパンのサイズ	長さ22cm×幅9cm×高さ8cm　重さ280g
発酵法など	パン酵母による発酵。

　ホールウィートとは「全粒粉」のことで、一般的に小麦全粒粉を100％使用して焼いたのがホールウィートブレッド。麦皮や胚芽が多く含まれるため栄養価が高く、アメリカでは消費が増大している。

　軽く焼いてベーコンをサンドするのがおすすめ。シンプルに、トーストしてはちみつをかけて食べると、パンの香りと甘みが引きたてられる。

America

South American Bread

南米のパン

温暖な気候で育まれる小麦や
とうもろこし、キャッサバイモなどが豊富。
パンにもその恵みが生かされます。

モチモチ食感とチーズがクセになる

Pao de Queijo

ポンデケージョ

data	
タイプ	リッチ系・無発酵パン・天板焼き・食事用
主要穀物	タピオカ粉
写真のパンのサイズ	長さ5.5cm×幅5cm×高さ4cm　重さ50g
発酵法など	発酵は行わない。

　ブラジル南部のミナスジェライス州が発祥で、ポンは「パン」、ケージョは「チーズ」を意味する。パンと呼ばれるが、パン酵母は使用していない。表面はパリッとしていて、かみしめるともっちりとした食感とともにチーズの風味が広がる。生地に弾力があるのは、タピオカ粉（キャッサバイモのデンプン）を用いるため。卵やチーズを加えた生地をピンポン玉くらいの大きさに成形し、発酵させずに焼き上げるのも特徴のひとつである。

　チーズの風味と軽い塩味があとをひく。ブラジルでは、レストランや喫茶店の定番メニューで、食前のおつまみやコーヒーのおともとして食べられることが多い。家庭でも頻繁に作られ、家ごとにそれぞれの味があり、ベーコンやハムが入ることもある。日本でも手軽さが人気で、コンビニでも手に入る。

温める際はアルミホイルをかぶせてオーブントースターで。電子レンジに入れるとシワシワになってしまうので注意。／g

メキシコ料理のタコスで有名
Tortilla
トルティージャ

配合例
とうもろこし粉：100%
食塩：少々
サラダ油：少々
水：120%

スペインの「トルティージャ」というオムレツに形が似ていることから、この名前で呼ばれるようになった。「トルティーヤ」と呼ばれることもある。／p

South America · Mexico

data	
タイプ	リーン系・無発酵パン・直焼き・食事用
主要穀物	とうもろこし粉
写真のパンのサイズ	長さ16cm×幅15cm×高さ0.15cm　重さ22g
発酵法など	発酵は行わない。

　メキシコではとうもろこしが盛んに栽培されており、とうもろこしを原料とするトルティージャが主食となっている。スペイン人が入植する前から現地で食べられていた伝統ある薄焼き無発酵パンで、メキシコのみならず、アメリカ南西部でも日常的に口にされる。

　とうもろこし粉の生地を薄くのばして焼いたものが一般的だが、小麦粉を混ぜたり、小麦粉のみで作る（「フラワートルティージャ」と呼ぶ）場合もある。火を通して乾燥させた粉を使うのが特徴。モチモチとしていて、ほのかにとうもろこしの風味がする。

　焼きたてがおいしく、食事に添えてそのままで食べたり、具材を巻いて食べたりする。日本では、肉や野菜、チリソースをはさんで食べるタコスや、切って油で揚げたチップスが有名。

Asia

Indian Bread

インドのパン

加熱方法がさまざまなインドのパン。
カレーをはじめ、スパイシーな
インド料理には欠かせません。

モチモチ食感をカレーとともに

Naan

ナン

配合例
小麦粉：100%
パン酵母：2%
砂糖：1%
食塩：2%
ショートニング：6%
ヨーグルト：25%
水：35%

アツアツの焼きたてがおいしい。
冷めたら、オーブントースター
などで温めるとよい。／m

Asia 🇮🇳 India

data	
タイプ	リーン系・直焼き・食事パン
主要穀物	小麦粉
写真のパンのサイズ	長さ37cm×幅20cm×高さ3cm　重さ154g
発酵法など	パン酵母による発酵。ベーキングパウダーを使用してふくらませることもある。

　日本でもインドカレーのお供としてポピュラーなナン。インド、パキスタン、アフガニスタン、イランなどで主に食べられている。日本のナンは大きな木の葉形だが、ペルシャ文化の影響を受ける地域ではナンがパン類の総称となるため、各地方にさまざまな種類がある。

　小麦粉の生地を壺のような形をしたタンドール窯の内側に張りつけて焼く。インドでは、タンドール窯を持っている家庭もあるが、一般的には店で買ったり、レストランで食べることが多い。

　全体的にしっとりモチモチとしていて、ほんのりと甘みがあり、焦げ目がついた部分はパリッとした食感。特に濃厚なタイプのカレーと相性がよく、さらにインドのヨーグルトドリンク、ラッシーを添えてもおいしい。

Asia ■ India

全粒粉が香ばしいインドの主食
Chapati

チャパティ

焼きたてがおいしいので、食事のたびに生地をのばして焼かれる。プツプツとふくれた気泡と焦げ目が、おいしく焼けた目印。／m

配合例
小麦全粒粉：100％
水：65〜75％

data	
タイプ	リーン系・無発酵パン・直焼き・食事用
主要穀物	小麦粉
写真のパンのサイズ	長さ15cm×幅15cm×高さ0.3cm　重さ46g
発酵法など	発酵は行わない。

　インドでは主食として家庭で焼かれる、日本でいう白飯のような存在。主にインド、パキスタン、バングラデシュ、ネパールで食べられる。

　アターと呼ばれる小麦全粒粉に水を加えた無発酵の生地をのばし、トワーという鉄板で焼く。カレーや煮込み料理とともに、ちぎっていただく。

Asia 🇮🇳 India

油の旨みがカレーをマイルドに
Bathura
バトゥーラ

揚げたてがもっとも美味。冷めて時間がたつと油っぽくなるので、オーブントースターなどで温めるとよい。／m

配合例
ナンと同じ。

data	
タイプ	リーン系・揚げパン・食事パン
主要穀物	小麦粉
写真のパンのサイズ	長さ17.5cm×幅17cm×高さ2cm　重さ88g
発酵法など	ナンと同じ。

　ナンの生地を丸くのばして油で揚げた、北インド地方の伝統的な揚げパン。揚げたては表面がサクッとしていて、かみしめると油分がジュワッととけ出す。カレー全般に合うが、チャナマサラ（ひよこ豆のカレー）と特に相性がよく、セットにして出す店も多い。スパイスのきいた甘いマサラチャイともよく合う。

Asia
Chinese Bread

中国のパン

中国で基本となるのは、
ホカホカの白い蒸しパン。
濃厚な中華料理に添えて。

白くてフワフワの蒸しパン
饅頭
マントウ

湯気のたった蒸したてが、もっともやわらかくて美味。時間がたつと表面が乾燥して硬くなってしまう。／j

data	
タイプ	リーン系・蒸しパン・食事パン
主要穀物	小麦粉
写真のパンのサイズ	長さ7.5cm×幅5.5cm×高さ4cm　重さ50g
発酵法など	パン酵母による発酵。中国では老麺（生地を作るたびに少しずつ残しておいた元種）を使う。

　中国の南部では米が主食だが、北部では小麦粉を使った麺類や餅、饅頭が主食とされている。かつては「麺」といえば小麦粉のことを指したというほど、中国の食事に小麦粉は欠かせない。

　中国のパンといえば、蒸したものが主流。マントウは肉まんの皮部分のみのフワフワとした蒸しパンで、なかには何も入らない。同じ生地でも形によって名前が異なり、表面がつるんとした丸い形や切って成形したものは「マントウ」、花びらのような形だと「花巻」（ホワチュアン、はなまき）と呼ぶ。

　小麦粉、パン酵母、水を主体として作る、淡白な味わいは、濃い味つけの中華料理によく合う。日本の白飯のような存在として、おかずやスープとともに食卓に並んだり、地方によっては軽食やおやつとして食べられる。上下に切れ目を入れて、甘辛いチャーシューをはさんでも美味。

Asia China

やわらかな生地と具材を味わう
中華饅頭

ちゅうかまんじゅう

冷めたものは蒸し器や
電子レンジであたためて。

data	
タイプ	リーン系・蒸しパン・食事パン
主要穀物	小麦粉
写真のパンのサイズ	長さ10cm×幅9.5cm×高さ4cm　重さ108g
発酵法など	マントウと同じ。

　中国では、マントウの生地に具材を入れたものを「包子（パオズ）」と呼び、何も入れないマントウと区別する。中華饅頭も包子に分類され、肉や野菜、あんこなど、具材のバリエーションは豊富。

　日本では「肉まん」、地域によっては「豚まん」と呼ぶことがある。ホカホカの蒸したてがもっともおいしい。

マントウが花びらの形に
花巻
ホワチュアン

食べ方や味わいは、基本的にマントウ同じ。蒸したてのアツアツがいちばんおいしい。／j

data	
タイプ	リーン系・蒸しパン・食事パン
主要穀物	小麦粉
写真のパンのサイズ	長さ8cm×幅7.5cm×高さ4cm　重さ60g
発酵法など	マントウと同じ。

　マントウの形が変化したもの。花びらや渦巻き状の形で、「はなまき」とも呼ぶ。

　生地になつめ、干しぶどう、クルミ、松の実、チーマージャン（ゴマペースト）などが加えられることもあり、バリエーションはさまざま。写真のものはネギが練り込まれている。

175

Europe
Japanese Bread

日本のパン

海外の食文化を日本人好みにアレンジ

　日本のパンは、フランスやドイツのようなハード系ではなく、ふわっとやわらかいものが主流。特にコンビニやスーパーのパンは生地作りに中種法を用いたものが多く、しっとりソフトできめが細かく、ほのかな発酵種の香りが特徴です。

　日本のパンの代表的なもののひとつがあんパン。パン食があまり一般的でなかった明治時代に、現木村屋總本店の創業者によって日本人の口に合うものをと考案されました。それ以来、パ

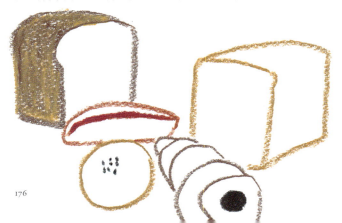

ンはおやつとして親しまれるようになり、同様の生地を用いてジャムパンやコロネ、メロンパン、クリームパンなど、多くの菓子パンに発展していきました。のちに、カレーパンなどの調理品を加工した惣菜パンも作られるようになり、実に多種多様です。また、イギリスやアメリカのパンをもとにアレンジされてできた食パンは、米飯を主食とする日本人が、主食として食べるパンという意味で、こう呼ばれるようになりました。

　多くのパン屋さんがあるなかで、日本で消費されるパンの7〜8割は大手パンメーカーの製造によるものが占めており、コンビニやスーパーで大量のパンが売られ、各パンメーカーが新商品の開発に日々力を注いでいます。また、手作り主体のリテールベーカリーでは、フランスやドイツなど、海外のパンの人気が高まっています。

　今日では、パンは日本人の食事に欠かせないものとなり、特に「日本のパン」と区別することなく、さまざまなパンが食べられています。

Asia　Japan

日本でポピュラーな食パン
角食パン

配合例
強力粉：100%
パン酵母：2%
砂糖：6%
食塩：2%
脱脂粉乳：1%
ショートニング：4%
水：68%

焼き上がりから2〜3時間たって粗熱がとれ、生地が落ち着いたら食べ頃。／d

data	
タイプ	リーン系・型焼き・食事パン
主要穀物	小麦粉
写真のパンのサイズ	長さ12cm×幅12cm×高さ12cm　重さ390g
発酵法など	パン酵母による発酵。

　食パンは主食としての食事パンを総称する日本の造語で、外国では食パンという言葉は使われない。日本でいう食パンは主に角食パンを指し、型にフタをして角形に焼くことから、この名前がついた。形がアメリカの客車製造会社プルマンの列車に似ているという説から、「プルマン形」と呼ばれることもある。フタをせずに焼くパンは「山形食パン」と呼ぶ。

　ソフトできめの細かいクラムは口どけがよく、ほんのり塩けと甘みがある。「パンの耳」と呼ばれるクラストは、ムラがなく薄くやわらかいもの、クラムは光沢のある明るい色で膜の薄いもの、そして全体的に適度な弾力性のあるものが好まれている。1斤は約450gに当たり、標準的な角食パン1本分は3斤と数えられる。

Asia | Japan

学校給食の定番
コッペパン

配合例
角食パン用の
生地を使うことが多い。

焼きたてが美味。上下半分のところに
切れ目を入れてさまざまな具材を入れ
て楽しんで。／d

Asia 🇯🇵 Japan

data	
タイプ	リーン系・天板焼き・食事パン
主要穀物	小麦粉
写真のパンのサイズ	長さ12.5cm×幅7cm×高さ4cm　重さ45g
発酵法など	角食パン用の生地を使うことが多い。

　コッペという名前は、フランスパンのクッペ（p.83参照）からきている。昔は食パンのように大型のパンが主流だったが、昭和10年代に学校給食用に1食分のパンとして作られ、広く普及していった。給食では、おかずや牛乳とともに出され、ジャムが添えられたり、揚げパンに加工されることもある。

　食パンと同じ生地を用いていても、型に入れずに焼くので、クラストが薄く、ソフトな食感で何もつけなくても食べやすい。

　タテに切れ目を入れて、焼きそばやコロッケ、ポテトサラダなどの調理品をはさんだ調理パンも人気が高い。

　ツヤのない茶褐色で細長いなまこ形。ほのかな甘みのある素朴な味わいで、合わせる料理や具材の味をじゃましない。昔ながらのパン屋さんで売られていることが多い。

Asia | Japan

カレー好きにはたまらない
カレーパン

配合例
食パンに類似した生地が使われる。

揚げたては表面のパン粉がカリッとしている。時間がたったものはオーブントースターなどで温めるとよい。／d

data	
タイプ	リッチ系・揚げパン・食事パン
主要穀物	小麦粉
写真のパンのサイズ	長さ13.8cm×幅7cm×高さ4.7cm　重さ93g
発酵法など	角食パン用の生地を使うことが多い。

　昭和2年、東京の名花堂(現カトレア)というパン屋さんが、カレーを入れた「洋食パン」を発案したのがはじまりといわれている。以後、多くの店や企業で開発が進み、日本では定番の惣菜パンとなった。

　少し硬めに作ったカレーフィリングを生地で包んで小判形や丸形に成形し、表面にパン粉をつけて油で揚げる。パン粉はとんかつからきた発想といわれている。揚げたものが一般的だが、焼いたものも人気が高く、カレーの辛さや味わい、具材は店によってさまざま。カレーパンをもとに、カレー以外の具材を入れた揚げパンも市場をにぎわすようになった。

　サクッとした食感を楽しむには、揚げたてがいちばん。年齢を問わず愛され、軽い食事やおやつにピッタリ。また、辛口のカレーパンはビールとよく合う。

Asia 🇯🇵 Japan

日本人に合うパンを、と考案された
あんパン

桜(右)、ケシ(左)、小倉(下)の酒種あんパン

あんこがぎっしり詰まったものがよい。おやつや朝食として、お茶や牛乳といっしょに。/d

配合例
(パン酵母を使用する場合)
強力粉：100%
パン酵母：3.5%
砂糖：25%
食塩：0.8%
脱脂粉乳：2%
マーガリン：10%
全卵：10%
水：52%

data	
タイプ	リッチ系・天板焼き・菓子パン
主要穀物	小麦粉
写真のパンのサイズ	長さ7cm×幅7cm×高さ3.5cm　重さ49g
発酵法など	パン酵母による発酵。酒種で発酵させた酒種あんパンも有名。

　明治2年に東京銀座の木村屋（当時は文英堂。現木村屋總本店）が日本人に合ったパンを作りたいという思いで5年をかけて考案したのが酒種あんパン。これに桜の花の塩漬けを添えて明治天皇に献上した桜あんパンは、現在も木村屋の人気商品のひとつ。現在、一般的に売られているあんパンは、パン酵母を発酵源とするものが多いが、オリジナルは酒種を使う。

　糖分を多く含むソフトな生地と、しっとりしたあんことのバランスが絶妙。こしあんかつぶあんが入るのが一般的だが、あんこにアレンジが加えられたり、揚げあんパンやフランスあんパン、あるいはトッピングを工夫したものなど、バリエーションは実に豊富。子どもからお年寄りまで、幅広く人気がある。

Asia｜Japan

甘いクリームがたっぷり
コロネ

配合例
あんパンと同じ。

ピーナッツクリーム
入りコロネ

パンとチョコクリームが乾燥しないよう、
焼き上がってから早いうちが食べ頃。
／d

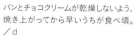

data	
タイプ	リッチ系・天板焼き・菓子パン
主要穀物	小麦粉
写真のパンのサイズ	長さ16cm×幅6cm×高さ5cm　重さ83g
発酵法など	あんパンと同じ。

　渦巻き状のパンにクリームが入った菓子パン。コロネ（または
コルネ）は、フランス語の「角（corne）」、もしくは英語の「コルネッ
ト（cornet）」という管楽器に形が似ていることからその名がつい
たといわれている。

　細長くのばした生地を円錐状のコロネ型にひねりながらクルク
ルと巻いて成形する。焼き上がったら、空洞部分にクリームをたっ
ぷりと詰める。生地をひねることで気泡にもひねりが加わり、ソフ
トでも引きのある食感に。クリームは最後に注入することで水分
のあるぽってりとした状態を保つことができる。

　代表的なチョコレートコロネのほかに、カスタードクリームやホイッ
プクリーム、ピーナッツクリームなど、さまざまなバリエーションが
ある。牛乳やコーヒー、紅茶などの飲み物とともに食べたい。

フルーツジャムが甘酸っぱい
ジャムパン

配合例
あんパンと同じ。

写真は、あんずジャム。素朴なパンに甘酸っぱいジャムの味がきわ立つ。コーヒー、紅茶、牛乳を添えて。／d

data	
タイプ	リッチ系・天板焼き・菓子パン
主要穀物	小麦粉
写真のパンのサイズ	長さ12.5cm×幅7cm×高さ4.2cm　重さ68g
発酵法など	あんパンと同じ。

　菓子パンの生地でジャムを包み込んで焼いたもので、明治33年に木村屋總本店3代目の儀四郎氏によって考案された。当時はあんずジャムが主流だったが、のちにいちごやりんごなど、さまざまなジャムが用いられるように。焼き上がったパンに、あとからジャムを注入する場合もある。形は、木村屋のジャムパンにならったなまこ形のものが多い。

Asia Japan

ソフトなパンとクリームがやさしい味
クリームパン

焼き上がって粗熱のとれた頃がおいしい。コーヒーや紅茶のほか、日本茶とも合う。／d

配合例
あんパンと同じ。

data	
タイプ	リッチ系・天板焼き・菓子パン
主要穀物	小麦粉
写真のパンのサイズ	長さ13cm×幅8.5cm×高さ3.5cm　重さ69g
発酵法など	あんパンと同じ。

　明治30年代半ば、新宿中村屋の創業者相馬氏がはじめて食べたシュークリームに感動し、そのクリームを使ったパンを作りたいと考案した。卵と牛乳を使用したカスタードクリームが入ったクリームパンは、菓子パンの代表かつ定番商品となっている。

　楕円形に切り込みが入った、野球のグローブのような形をしたものが多い。

Asia 🇯🇵 Japan

ビスケット生地がサクサク
メロンパン

配合例
あんぱんと同じ。
表面にビスケット生地を
のせて焼く。

表皮がカリッとしているうちがおいしい。ベタッと
してきたらオーブントースターなどで軽く温める
と食感がよみがえる。／d

Asia Japan

data	
タイプ	リッチ系・天板焼き・菓子パン
主要穀物	小麦粉
写真のパンのサイズ	長さ10cm×幅9.7cm×高さ5cm　重さ66g
発酵法など	あんパンと同じ。

　名前の由来は、形がメロンに似ているから、メロンエッセンスを加えたから、メレンゲパンの呼び名がメロンパンに変化したなど、いろいろな説がある。ルーツについても、第一次世界大戦後にアメリカから帰国した日本人によって伝えられたという説や、大正時代中期にドイツ菓子にヒントを得て作られたという説など、はっきりしない。関西地方では日の出の太陽に似ていることから「サンライズ」という名前で売られていたり、アーモンドの形をしたものもある。

　表面のビスケット生地のザラザラとした舌触りとさっくりとした食感が特徴で、表面に格子模様がついているものが一般的。なかにクリームを入れたものや、生地にチョコチップを練り込んだものなど、バリエーションも豊富。

Column

2種類あるデニッシュ生地
About Bread

手軽に買えるスーパーやコンビニなどのパン。
おいしさを長時間保つための工夫は、
生地の製法の違いにあります。

　スーパーなどで売っている、個包のパンは、賞味期限が2〜3日ほどあり、焼きたてでなくてもおいしくいただけます。パン屋さんのパンは、翌日にはパサついてしまうこともあるのに、なぜ、個包のパンはおいしいままなのでしょう。その理由は大きく2つ。まずは、個包のパンはビニール袋に入っているため、水分の蒸発による生地の硬化を防げること。もうひとつは、製法の違いです。

　その製法の違いについて、デニッシュの例を見てみましょう。個包のデニッシュはバターなどの油脂や砂糖を、生地に多めに練り込んでいます。そのため、全体的にソフトな食感に焼き上がり、老化も遅くなります。ただし、デニッシュ特有のサクサク感は劣ります。これをアメリカンタイプのデニッシュと呼びます。

　一方、リテールベーカリーのデニッシュは多量の油脂を生地の折り込みに使うため、生地と油脂が交互に重なった層がたくさんできます。これを焼くことで、生地と生地の間に空間が生まれ、サクサクの食感になるのです。その食感は時間とともに失われてしまうので、パン屋さんで焼きたてを買い求めるのがいちばん。これをデンマークタイプのデニッシュと呼びます。長時間おいしく保てるのは、生地に練り込む油脂や砂糖を多めにし、やわらかい食感に仕上げていることにあるというわけです。

生地にバターを折り込むことで、生地とバターがきれいな層を作り、サクサクの食感になる。生地部分は比較的リーンなため、個包タイプに比べると、老化が早い。

個包のタイプは、練り込む油脂が多く生地がリッチで、折り込み油脂が少なめなのが特徴。全体にふんわりした食感で、そのやわらかさは時間がたっても変わらない。(写真提供:山崎製パン株式会社)

Column

パンの切り方と食感
About Bread

パンの食感を決めるのは、配合の違いと気泡。
気泡は、ミキシングやパンの成形方法で変わりますが、
パンの切り方によっても大きく異なります。

　パンの気泡は、食感を大きく左右する存在で、気泡の量や形は生地のミキシングの強度やパンの成形の仕方で変わります。大きな気泡が入っている（クラムに空洞がある）パンは、全体の気泡数が少なく、気泡膜が厚めで、きめが粗くかみ応えがあります。逆に気泡が小さいパンは、全体の気泡数は多めで、気泡膜が薄く、きめが細かく軽いかみ応えが特徴です。

　また、切り方を変えることで、食感の違いを楽しむこともできます。パンの中の気泡は上部に向かってのびる傾向があります。したがって、パンを垂直にスライスするか、水平にスライスするのかによって、スライス面の顔が異なるのです。

　例えば、バタールなど棒状のフランスパンは、垂直方向に切ると、大きく入った気泡を楽しめます。スライス面の気泡膜は厚めですが、気泡が上部へよくのびているので、比較的軽めで引きのある食感になります。一方、水平方向に切ると、スライス面の気泡数は多めになりますが、気泡膜はタテ長になっているため、歯切れがよくかみ応えのある食感を楽しめます。

　小型パンでも、スライス方法によってスライス面の顔が異なります。垂直切りは軽めで引きのある食感を、また水平切りは歯切れがよく、かみ応えのある食感を楽しめます。

194

垂直切り

水平切り

垂直切り（上）と水平切り（左）で、断面は大きく異なる。また1本の同じパンでも、切る場所によって気泡の入り方が違い、食感も変化する。

垂直切り　　　**水平切り**

小型のパンの場合も差が大きく出る。歯切れのよさとかみ応えを楽しむためには、水平切り（右）。サンドイッチにするのもおすすめ。

パンの図鑑 ミニ
Knowledge of Bread

Part 2
材料や作り方から見るパンのこと

Part 2. 材料や作り方から見るパンのこと

パン作りに必要な材料

**パンは基本的に、粉に水を加えて作るとてもシンプルなもの。
それだけに、素材の味が仕上がりの味を大きく左右します。
一般的に、粉、パン酵母、水、塩は主材料、
それ以外は副材料と呼びます。**

パンの香り、味わいを左右する粉

多くのパンに見られる、ふっくらした食感は小麦粉のなかに含まれるタンパク質が水を加えることで絡み合い、弾力性と粘着性を持つグルテンを形成することで生まれます。グルテンを形成する力が強いものが強力粉、弱いものが薄力粉と呼ばれ、タンパク質の割合によって粉の呼び方が変わります。ふっくらしたパンを作るために、多くの場合は強力粉を使います。強力粉に比べ、グルテンを形成する力がやや弱い準強力粉は、フランスパンの製造で使用。また、小麦の表皮や胚芽も含めて丸ごと挽いた全粒粉は、栄養価が高く注目されています。

小麦粉以外では、ドイツパンに代表されるライ麦粉もよく使います。グルテンを形成しないためふんわり感は出ませんが、独特の酸味と甘みを持ち、風味の強いパンに仕上がります。

仕上がりの違いを知り目的に合った粉を選ぶことは、パン作りの第一歩といえます。

198

粉
（主材料）

強力粉
パンに使われる粉として、もっとも一般的。タンパク質を多く含み（12％前後）、強いグルテンを形成するため、ふんわり仕上がる。菓子には不向き。

準強力粉
（フランスパン専用粉）
タンパク質の含有量は11％前後。グルテンの形成力は強力粉より弱く、焼くと表面がカリッと仕上がることから、バゲットなど欧風直焼きパンに向いている。

Part 2. 材料や作り方から見るパンのこと

薄力粉
グルテンをあまり形成しないため、単独ではパン作りに向かない。強力粉と混ぜて使用するとソフトな食感に仕上がる。タンパク質の含有量は8％前後。

グラハム粉（全粒粉）
粗めに挽いた全粒粉。細挽きの全粒粉よりも整腸作用があるといわれる。粗い食感を和らげるために、温水に浸してから使用する場合が多い。

全粒粉
小麦の表皮や胚芽をすべてひいた粉。小麦粉に比べ、ビタミン、アミノ酸、食物繊維を多く含み、栄養価が高い。強力粉に30％くらい混ぜると、ふんわりした食感を保ちながら、パンの栄養価を上げられる。

ライ麦粉
グルテンを形成しないことからふくらみが悪く、目の詰まったパンとなる。これを少しでも改善するためにサワー種(p.111参照)を使ってふくらませることから、ライ麦パンには酸味がある。

その他　**米粉**
　　　　米を粉末にしたもの。小麦粉か小麦粉由来のグルテンを少量混ぜ込むことで、パンの生地となる。パンのほか、ピザやお菓子にも使用される。

　　　　とうもろこし粉
　　　　とうもろこしの胚芽を粉砕したものに、小麦粉のグルテンを少量混ぜた粉。主にトルティーヤに使用する。

産地による小麦の違い

　強力粉の主な産地は、タンパク質を多く含んだ小麦がとれるアメリカやカナダです。粉の色が白く、焼き上がったパンのクラムも白くなります。

　それに比べ、ドイツやフランス産の小麦はタンパク質の量が少なく、準強力粉となります。ほんのり黄色味を帯びているため、クラムもやや黄色く仕上がり、風味が豊かなのが特徴です。

　また、日本産の小麦は、タンパク質が少なく中力粉に分類され、うどんに適しますがパンには不向きといわれていました。しかし、最近ではタンパク質が多く、強力粉となる小麦も栽培されるようになり、パンにも一部使用されています。

Part 2. 材料や作り方から見るパンのこと

パン酵母・発酵源（主材料）

ドライイースト
ヨーロッパから輸入される製品がほとんど。リーンな生地の発酵に適している。温めた水に微量の砂糖とドライイーストを加え、予備発酵をさせる必要がある。

インスタントドライイースト
生地に直接混ぜて使用できる。予備発酵がいらず、家庭でも使いやすい。発酵の香りがさわやかなのが特徴。使用後は密封し、冷凍庫で1年ほど保存できる。

生イースト
国産が多い。砂糖をたっぷり加えた生地もふんわりふくらませることができるため、食パンから菓子パンまで用途は幅広い。保管は冷蔵庫で3週間が目安。

ベーキングパウダー
ベーキングパウダーや重曹は、菓子パンをふくらませるガス発酵源として使われる。ガスの発生方法がパン酵母とは異なり、通常の製パンには不向き。

パンをふくらませるために欠かせない

　パンの生地はパン酵母（イースト）の発酵によってふくらみます。酵母が発酵し、炭酸ガスを生成することで生地がふくらみ、弾力のある生地に仕上がるのです。

　お店での製パンで使うのは、強い発酵力が特徴の生イーストとドライイースト。家庭での製パンではドライイーストを使うのが一般的です。インスタントドライイーストという直接生地に加えることができる、予備発酵がいらないタイプもあります。ドライイーストは複雑な発酵の香りが特徴で、インスタントドライイーストは発酵の香りがさわやか。発酵の独特の香りは、発酵の際に発生するアルコールや有機酸が放っています。

　パン酵母の量と発酵の温度、時間を適切に管理することは、ふっくらとしたパンを作るための大切なポイントです。

Part 2. 材料や作り方から見るパンのこと

発酵種
（主材料）

自家製発酵種
レーズンやリンゴ、キウイなどの果実、または穀類から野生の酵母を増殖することができる。複雑な香りが出て、味わいが豊かになるのが特徴。ただし扱いが難しく、上級者向け。

ホシノ天然酵母パン種
市販されている野生酵母種もある。自家製に比べると扱いやすく、独特の風味のパンが比較的手軽に焼ける。種起こしに20～30時間かかるものが多く、パン酵母に比べ、長時間の発酵が必要。

発酵種の種類

ライ麦粉サワー種
穀物などに付着した酵母や乳酸菌、ライ麦粉、水で培養した種。強い酸味が特徴で、ドイツパンなどによく使用される。

酒種
米、麹、水で発酵させた種。麹が糖分を含むため、老化が遅い。麹の香りが食欲をそそるパンに仕上がる。

ホップス種
ホップとじゃがいも、小麦粉、水を発酵させた種。独特の苦みが出る。パン酵母がない時代、特に食パンに使用されていた。

果実種
熟した果実の皮についた微生物を、小麦粉生地で増殖させた種。リンゴやブドウなどが代表的。ほのかな酸味が特徴。

自然の酵母を増殖させ
発酵源として使う

　果実や植物などに付着している、野生の酵母や乳酸菌を増殖させて作る発酵種。この意味での発酵種を世界的にはサワー種（サワード）と呼んでいます。日本では、工業的に培養したパン酵母（イースト）と区別するために、発酵種を「天然酵母」と呼ぶ傾向があります。しかし、「天然酵母」には酵母だけでなく、乳酸菌などの微生物がたくさん増殖しているため、純粋な酵母と呼ぶにはふさわしくなく、専門家は「種」と呼んでいます。

　発酵種を使ったパンは、種中の微生物による複雑で独特の香りや風味があります。しかし、不適切に培養を行うと、パンがふくらまなかったり、酸味が強すぎたりすることも。さらに、有害な微生物が増殖する可能性もあるので、使用には注意が必要です。この複雑な香りを合理的に出すために、発酵種を粉末にした製品が、主に業務用として販売されています。

天然酵母とパン酵母（イースト）は違うもの？

　この頃よく耳にする「天然酵母」という言葉。パン酵母とは別のもののように感じますが、元は同じ。というのも、発酵種は、酵母の働きを安定させることが難しく、仕上がりに差が出ることもままあります。そこで発酵種の中から、働きが安定した優秀な酵母を厳選し、純粋培養したものがパン酵母と呼ばれているのです。

Part 2. 材料や作り方から見るパンのこと

水
(主材料)

使用する水は、水道水で問題ない。逆にアルカリイオン水は、グルテンの形成に悪影響を与えるので不向き。水の温度は、目指すこね上げ温度(p.278参照)によって調整する。

他の材料の働きを助ける、重要な役割を果たす

　パンの生地をふくらませるのに必要なのはパン酵母(イースト)ですが、その働きを助けているのは水。グルテンの形成にも水が必要で、製パンにおいて欠かせない主材料です。
　水を吸ってできるグルテンの弾性は、硬水では強すぎてしまい、軟水では弱すぎてしまいます。そこで製パンではやや軟水を使うことが好ましく、日本の水道水をそのまま使っても問題ありません。

塩
(主材料)

精製塩
製パンの現場では、ほとんどが精製塩(食塩)を使用している。塩化ナトリウムが95.5%以上で余計なものを含まず、さらさらとして使いやすい。

天然塩
岩塩や海塩を使用するケースもある。生地に混ぜ込むために使うほか、独特の風味を生かしてトッピングに使用することも。

生地のコシや発酵をコントロールする

　リーンなパンは、かすかな塩けが味の決め手。塩味と甘みのバランスが重要で、フランスパンや食パンなどでは粉に対して2％前後、砂糖が多い菓子パンなどでは、0.8～1％前後の塩を入れます。
　塩の役割は多く、グルテンを引き締めて生地に弾力とコシを与えたり、酵母の発酵を遅らせ、過発酵を防いだりします。塩を入れずに生地を作るとベタついてしまい、生地ののびや、パンのふくらみが悪くなり、味にしまりがなくなり、おいしさが損なわれます。塩は水分を吸着しやすいので、湿気を避けて密閉容器に入れるなど、保管に気をつけましょう。

Part 2. 材料や作り方から見るパンのこと

卵
(副材料)

卵黄、白身の全卵で使用することがほとんど。タンパク質、ビタミンA、カルシウムなど多くの栄養を含み、栄養面を強化する役目も。

生地をふんわり仕上げ、豊かな風味を与える

　リッチなパンは、バターと卵の使用量で風味に大きく差が出ます。卵は使うほどにやわらかくふんわりした食感になるため、卵を多く使ったパンを「最高にリッチなパン」などということもあります。しかし、粉に対して30％以上を入れると生地のつながりが悪く、扱いにくい生地となるので、使用量には気をつけましょう。
　また、窯入れ前に、生地の表面に卵液をぬるとつややかになり、美しい焼き色が出ます。

砂糖
（副材料）

上白糖
いちばん多く使われる上白糖。しっとりとしてきめが細かく、使いやすい。また、クセのない甘さでどんなパンにも合う。

三温糖
独特の風味と、奥深く強い甘さを持つ。精製の過程で数回加熱するため、薄い茶色になる。ベーグルなどに向いている。

グラニュー糖
アメリカでの製パンで多く使用される。さらさらの粒状で、スッキリとした味。シナモンロールなどに向く。

粉糖
グラニュー糖を粉砕し、さらさらの粉状にしたもの。主にトッピングや、アイシングに使う。

生地をしっとりふっくらさせる

　パンのふくらみに欠かせない、酵母の発酵を助けるのが砂糖です。砂糖が生地ののびをよくし、パンをやわらかく、しっとりさせるため、甘いパンには、ふんわりした食感が多くなります。砂糖の保湿作用により生地がしっとりし、やわらかさを維持することを、「パンの老化を遅くする」といいます。

　製パンでは主に上白糖を使いますが、場合によって数種の砂糖を使い分けることもあります。

Part 2. 材料や作り方から見るパンのこと

よく使う可塑性(かそせい)油脂

油脂
(副材料)

バター
牛乳に含まれる乳脂肪を凝縮して固めた動物性の油脂。油脂のなかで、もっとも風味とコクがある。無塩と有塩のものがあり、パン作りに使用するのは無塩のものが多い。

マーガリン
大豆油、コーン油などから作られる植物性油脂。バターよりもさっぱりとした口当たりが特徴で、可塑性範囲が広いので扱いやすく、価格もお手ごろ。菓子パン作りなどでよく使用される。

ショートニング

植物性のものと、動物性のものがある。クセがなく、あっさりした味に仕上がる。無味無臭のため、焼き上がったパンの型離れをよくするために、パン型にぬるときにも使われる。

ラード

豚の脂を精製した油脂。独特のコクを持ち、パンがサクサクとした口当たりに仕上がる。日持ちがしないなどの理由から、家庭ではあまり使われず、業務用での使用が多い。

Part 2. 材料や作り方から見るパンのこと

香りづけなどに使用する液状油脂

オリーブオイル

オリーブの実からとれる植物性の油脂。液体のため、パンのふくらみをよくする効果はないが、独特の香りや風味を与える。主にフォカッチャなどで使用する。

サラダ油

同じく植物性の油脂で、パンのふくらみをよくする効果はない。クセがないため、他の材料の味をじゃますることがなく、焼き上がりはしっとりする。

パンをふんわり、やわらかく保つ

パンに油脂を入れると、ふんわりとした仕上がりになり、その香りが食欲をそそります。また、水分の蒸発をおさえるため生地の老化を防ぎ、やわらかい状態を維持します。

可塑性油脂（粘土状の油脂のこと）のいちばん大きな働きは、生地をふくらませること。バターやマーガリン、ショートニングやラードなどを練り込むことで、油脂がグルテンの表面に膜を作り、生地ののびがよくなり、やわらかくなります。

それに対し、オリーブオイルなどの液状の油脂は、パンに風味をつけることができますが、ふくらみをよくする効果はありません。

生地を作るとき、油脂はグルテンの形成を妨げるので、グルテンが形成されてから入れることがポイント。生地をふんわり仕上げるには、粉に対して3％程度の油脂が必要です。

油脂はどのように使い分けられている？

製パンの現場では、パンの種類によって油脂の特性を生かし、使い分けられています。パンのふくらみを重視し、しっとりさせたい場合には、バターやマーガリンを使用し、サクサクさせたい場合には、ラードやショートニングを使うのが一般的です。また、ふっくらした食感よりも、風味をつけたい場合は、オリーブオイルが使われます。さらに、同じ名前の油脂でも、実に多様な風味があり、産地や生産者のごとの風味によって使い分け、その店のオリジナルの風味をパンに与えています。

乳製品（副材料）

牛乳
使うとコクが出る。水のかわりに牛乳を入れる場合は、水の量より10％程多くし、生地の硬さを調整しながらミキシングを。焼き色をよくするため、牛乳を生地の表面にぬることもある。

脱脂粉乳（スキムミルク）
全乳を凝縮して乳脂肪と水分をのぞいたもの。長期保存できるため、パンにはいちばんよく使う乳製品。水に入れるとダマになるので、砂糖と混ぜてから使うといい。

ヨーグルト
牛乳や脱脂乳を乳酸菌や酵母で発酵させたもの。生地に加えることで、さわやかな風味とやわらかさを出すことができる。

生クリーム
豊かな風味を生かした、しっとりとした生地に仕上げたい場合に使用する。傷みやすくにおいも移りやすいため、保存には注意を。

風味をよくし、生地をやわらかくする

　食パンなど、ソフトな食感のパンを作る際に使う乳製品。乳製品の持つ乳糖により、生地にほのかな甘みと風味を与えます。また、乳糖と脂肪分が生地を潤す働きをするため、クラムがやわらかいパンになります。もうひとつの乳糖の働きは、焼き色をつけること。パンの表面で着色反応（メラード反応）に関わり、焼き色が濃いめになり、これはトーストする場合も同じことがいえます。

　栄養価が高いことも乳製品の特徴です。乳製品を加えることで、タンパク質や無機質成分が増えます。いちばんよく使うのは、比較的扱いやすく保存もしやすい脱脂粉乳。次に牛乳が挙げられます。乳製品全般にいえることは、デリケートな性質だということ。冷蔵庫で保管し、温度管理をして早めに使いきること。また、におい移りを避けるために密閉容器に入れるといいでしょう。

Part 2. 材料や作り方から見るパンのこと

トッピング
（副材料）

ナッツ・シード
上から時計まわりに、パンプキンシード、アーモンド、くるみ。砕いたものを上にのせたり、生地に混ぜ込むと、風味が増す。

フルーツ
上から時計まわりに、ドライフィグ、オレンジピール、レーズン。生のフルーツより、ドライフルーツのほうが、果実の食感や風味がパンに残る。

ハーブ・スパイス
写真上はローズマリー、写真下はシナモン。ローズマリーはフォカッチャのトッピングに、シナモンはシナモンロールで主に使用。風味がよくなり、味わいが豊かに。

風味や食感にバリエーションを

　ナッツやスパイスは、香ばしい味わいや風味、食感を与え、また、フルーツは甘みや酸味、食感をパンに与えます。多くの場合、刻んだり、粉末にするなどして、パン生地に混ぜ込んだり、飾ったりして使用し、ナッツとフルーツを組み合わせて使うこともよくあります。

　これらは、混ぜ込む量が全体の15％を超えるとグルテンの弾性が弱くなり、生地がふくらみにくくなるため、入れる量に気をつけましょう。

　ナッツは酸化が早いため使う分だけを用意し、できるだけ早く使用します。保存する場合は、密封容器に入れ、冷暗所か冷蔵庫にいれます。ドライフルーツは乾燥の度合いによっては水につけて戻すか、シロップ煮などにしてから使用します。ナッツ同様、早めに使いきるように。スパイスやハーブは湿気に注意し、同じく早めに使います。

Part 2. 材料や作り方から見るパンのこと

パンの製法

ストレート法

● **材料を一度に混ぜる方法**

すべての材料を一度にミキシングして作るのがストレート法。直捏法(じかごねほう)とも呼びます。他の製法に比べ作業工程が少なく、いちばん用いやすい製法です。家庭での手ごね製パンや、ホームベーカリーで作るときは、この製法がほとんど。また、小規模のリテールベーカリーでもこの方法を用いるお店が多いです。

長所は、生地自体の風味が生かせる、原材料の個性がおいしさにあらわれやすい、弾力がありもっちりしたパンができる、中種法に比べ作業時間が短いことなどが挙げられます。短所は、生地の発酵具合を調整するのが難しいため、材料の品質や配合量のずれがパンに大きく影響すること、機械耐性が低く、パンの老化が早いことなどです。

ノータイム法

● 酵母の力で、生地作りを短縮

　ストレート法の一種で、製パンの時間を短縮するために、パン酵母(イースト)や酸化剤の量を増やす製法。通常の1.5倍から2倍の量を使用し、こね上がりの温度をやや高めにし、ミキサーを使用して最大限のミキシングを行います。

　焼き上がりはストレート法に比べ、きめが細かくソフトな食感。しかし、発酵時間が少ないため、発酵による風味や香りは劣ります。

中種法

● 風味が豊かなパンになる

　材料の一部を先に発酵させ、中種として使用する製法です。ボリュームが出てソフトな食感に焼き上がり、また、発酵による風味が豊かになります。

　あらかじめ小麦粉、パン酵母(イースト)、水を使って発酵種(中種)を作り、残りの材料を加え、生地を作ります。この中種をスポンジと呼ぶので、スポンジ法とも。食パンや菓子パンにも向いている製法なので、大手の製パン工場でよく取り入れられています。

Part 2. 材料や作り方から見るパンのこと

> パンによって、合うこね方や発酵法が異なります。
> 家庭ではストレート法がほとんどですが、
> ここでは、日本の製パン業界で行われている
> 代表的な製法7つを紹介します。

サワー種法

●ライ麦パンでポピュラー

　野生の酵母や乳酸菌を多く含んだ初種をおこし、種を仕上げてから、生地を作る製法です。

　サワー種は乳酸菌の活性が高いため、酸味と酸臭が強い独特の風味のパンに仕上がります。小麦粉を使ったサワー種は、パネットーネ種やサンフランシスコ種などが有名。ライ麦粉を使ったサワー種は、ライ麦パンのふくらみをよくする機能があります。

オーバーナイト中種法

●冷蔵庫で低温発酵させる

　中種法の一種で、中種を先に作り、冷蔵庫でひと晩かけて低温発酵させる方法です。冷やすことで、中種の発酵を遅らせ、前日からひと晩かけて中種が完成します。通常の中種法と比べると、パンの発酵による香りや風味がマイルドになります。

ポーリッシュ法

● **水分が多く、発酵の香りがよい**

　発酵種に同量の粉と水を加え、ポーリッシュ種を作ってから、残りの材料をミキシングする製法です。この製法がポーランドから伝わったことから、この名前で呼ばれています。

　水分が多い種なので、酵母の力を高めるのに適しています。ポーリッシュ種を使用したパンは、発酵による香りや風味が強めになるのが特徴です。

老麺法(ろうめん)

● **冷蔵庫で低温発酵させる**

　中種法の一種で、中種を先に作り、冷蔵庫でひと晩かけて低温発酵させる方法です。冷やすことで、中種の発酵を遅らせ、前日からひと晩かけて中種が完成します。通常の中種法と比べると、パンの発酵による香りや風味がマイルドになります。

基本の手ごねパン作り
<バターロール>

生イーストを使った、
本格的な作り方に挑戦してみましょう。

01 材料をそろえる

バターロール 24個分
(自宅のオーブンで焼ける個数に合わせて、分量を調整してください)

強力粉 …… 500g
パン酵母(生イースト) …… 22.5g
砂糖 …… 60g
塩 …… 7.5g(大さじ1/2)
無塩バター …… 75g
全卵 …… 75g
水 …… 250ml
仕上げ用溶き卵 …… 適量

02 材料を混ぜる

1

バターと卵は室温に戻しておく。パン酵母を水100mlに入れ数分間置き、懸濁(※)しておく。

※懸濁(けんだく)する …… 粒子が、液体の中に分散されるようにかき混ぜること。完全に溶け合っているわけではなく、時間がたつと、粒子が沈殿する。

2

別のボウルに、残りの水、塩、砂糖の順に入れ、ダマにならないよう泡立て器で混ぜる。

POINT
パン作りでは、生地のこね上げ温度が高すぎたり低すぎたりすると、発酵に影響が出てしまいます。そこで、生地を作る際の水温管理が大切。夏場は冷水、冬場はぬるま湯と、その日の気温や室温に合わせて、水温を調整しましょう。

3

卵と強力粉の2/3程度を入れ、生地を切るように、へらなどで混ぜる。

Part 2. 材料や作り方から見るパンのこと

4

ある程度まとまってきたら、1のパン酵母を入れる。

5

へらでさらに混ぜ、なめらかにする。目安は、引き上げたときに、へらからとろとろとたれる程度。

POINT
5までの工程で作ったのが「バッター」。はじめから全ての粉を混ぜずに、バッターを先に作ることで、粉全体がスムーズに混ざり合います。

6

続いて残りの強力粉をボウルに加え、粉と水分がしっかり混ざり合う(水和と呼ぶ)ように手で混ぜ、まとめる。

7  ある程度まとまったら、カードやゴムべらを使い、ボウルの側面についた粉も残らずに生地に混ぜ込む。

8  さらに生地をボウルに叩きつける動作を繰り返し、側面に残った粉をとる。

9  バターを入れ、指で叩いたり、突いたりして、押し込むように、生地に混ぜ込む。

10  まとまったら生地をボウルに叩きつけ、引き上げて伸ばしながらたたむ動作を繰り返す。

03 生地をこねる

1

生地がまとまったら、台に取り出す。

2

台に打ちつけ、生地を引きのばすように、手前から奥に折り返し、角度を90度変えて、再度叩きつける。この動作を繰り返す。

POINT
「ドン」という大きな音が出るくらい、強く叩きつけます。また、生地を折り返すときは、十分にのばしましょう。

3

2の動作を200回ほど繰り返す。徐々に生地がなめらかになり、生地をのばしてみて、薄く膜が張るようになればこね上がり。

POINT
上の写真は、こね上げで望ましい「生地がなめらかな状態」。下の写真のようにボソボソしているようなら、こねる回数が足りません。生地の中のグルテンを、いかにのばすかがポイントです。

4

表面が張るようにひとつにまとめる。温度計を生地に差し、こね上げ温度が28度になっているか確認する。

POINT
こね上げ温度が低い場合は湯せんにかけ、高ければ氷水で冷やします。そのとき、生地全体に温度が伝わるよう、ボウル全体に生地をのばします。こね上げ温度は、プラスマイナス1度の範囲に収めるようにしましょう。

次は発酵です。
オーブンレンジに発酵機能があれば、それを使うと便利です。

227

04 第一次発酵

1

ボウルに生地を入れラップをかける。27〜8度くらいの環境で40分ほど置く。冬場など寒い場合は、30度の湯せんにかける。

2

40分ほど置くと、生地が約2.5倍になる。

POINT
発酵状態を確認するときには、手に強力粉(分量外)をつけ、生地に指を入れます。指を抜いたあと、生地に跡が残るようなら、ちょうどいい状態。跡が残らず、生地が戻ってしまう場合は発酵不足なので、もう少し時間をおきます。

05 分割・まるめる

1
スケッパーやカードを使い、生地を40g(24等分)に切り分ける。

2
切り分けた生地が40gずつになっているかはかりで確認する(写真は竿ばかりを使用)。少ない場合は生地をつけ足し、多ければ切って減らし、正確に。

3
計量の終わった生地を手のひらにのせる。

4
手のつけ根を使い、生地の表面がピンと張るようにまるめる。

5  表面にシワなどがなく、生地がつるんとしたらOK。

パン屋さんでは… 台の上で、2つ同時に素早くまるめます。

3  生地を2つ台にのせる。

4  手のひらで包み込むようにしながら、手のつけ根を使い、生地をまるめる。

5  生地に触るというよりは、台をこするようにしながら仕上げる。

06 ベンチタイム

生地を並べて置き、約20分ベンチタイムをとる。密閉容器に入れたり、かたく絞ったふきんをかけるなどして、生地が乾燥しないようにする。

次は
いよいよ
成形です!!

07 成形する

1

生地の上に手粉（分量外）をふり、台に移す。

Part 2. 材料や作り方から見るパンのこと

2

手のひらで軽く押し、生地をのす。

3

生地を裏返し、中心に向かって三つ折りにする。

4

さらに手前に半分に折り、生地を手前に巻き込んでゆく。

生地を巻き込みながら棒状にのばしたいので、生地を上から押しつけないように。

5

片方の先端が少し細くなるようなにんじん形にする。生地をのばしやすくするために、ここで5分休ませる。

232

6

細い先端が手前になるように生地をタテに置き、上部をめん棒でのす。

7

細いほうを引っ張りながら、めん棒で手前にのす。

8

太い部分を手前に向かって巻く。先に2、3回巻き、芯を作る。

9

細いほうを引っ張りながら、くるくると巻く。

Part 2. 材料や作り方から見るパンのこと

10

巻き終わりを下にして、成形完了。

08 ホイロ（最終発酵）・仕上げ

1

天板にショートニングをぬるか、オーブン用シートを敷き、生地の巻き終わりを下にして並べる。あたたかいところで、ホイロを40分とる。

ホイロのPOINT
理想のホイロ（最終発酵）環境は、温度38度、湿度85％。温度と湿度を保ってホイロをとるには、本来は専用の機械が必要です。家庭で行う場合は、発泡スチロールや衣装ケースでも理想に近い環境が作れます。40度くらいのお湯を少し張り、台を用意し天板を置き、上からフタをしておけばOK。

2

約3倍の大きさになったら、ホイロ終了。この間にオーブンを210度に予熱しておく。

3

卵液を均一につくように刷毛でぬる。このとき刷毛の先を立てないように注意。予熱したオーブンで約9分焼く。

仕上げのPOINT
焼成前に卵をぬるか、焼成後に油をぬるかは、好みに合わせて変えてOK。卵をぬって焼くとツヤが出て、卵により表面に膜が張るためクラストが厚くなります。一方、表面に何もぬらずに焼成した場合はツヤが出ず、膜が張らないためクラストが薄く、軽い食べ口になります。ツヤが出ないので、あとから油をぬってツヤを補います。

完成！

焼成のPOINT
9分で焼き色がつくのがベスト。オーブンの温度が低く焼き色がなかなかつかずに、焼く時間が延びると、生地がパサついてしまいます。

> パン屋さんを見学

パン屋さんの基本のパン作り
＜食パン：ストレート法＞

パン屋さんの機械による製パンは一度に多くのパンを作ります。今回は3種類の食パンを作ってもらいました。この方法は、家庭ではなかなか難しいですが、パンこね機があればできます。その際は、分量や大きさを調整してください。

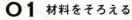

01 材料をそろえる

3斤の角食パン6本分
（ワンローフタイプ1本、6個U字詰めタイプ2本、イギリスパン3本分）

強力粉 …… 6000g
パン酵母（生イースト） …… 120g
砂糖 …… 360g
塩 …… 120g
脱脂粉乳 …… 60g
ショートニング …… 240g
水 …… 4080ml

02 材料を混ぜる

1

砂糖と脱脂粉乳を混ぜる。水 500ml にパン酵母を入れ数分置き、懸濁しておく。ショートニングは室温に戻しておく。

2

残りの水をミキサーのボウルに入れる。1の砂糖と脱脂粉乳、塩を入れ、泡立て器で混ぜる。

3

粉を全量入れ、1のパン酵母を加える。

4

スムーズに混ざるよう、また材料が飛び散らないように、はじめはミキサーの低速で3分混ぜる。その後、高速で2〜3分こねる。

> 生地は…
> まだボソボソしている。中にグルテンの塊ができてきた状態。

5

水和がほぼ終了したところで、ショートニングを加える。生地の下に入るよう、ショートニングの上から生地をかぶせる。

6

低速で1分、高速で2〜3分、生地の状態を確認し、さらに2〜3分、トータルで6〜7分こねる。温度計を生地に差し、こね上げ温度が27度になっているか確認する。

生地は…グルテンののばしが70％まで進んだ状態。生地は膜状にのびる。

03 第一次発酵・パンチ

1

番重など大きな容器に入れ、約27度で90分間、第一次発酵をとる。第一次発酵が終わった生地に指を入れる。

2  指を入れた跡が戻ってこなければ、適切な発酵状態。

3  手粉(分量外)をふった台に出し、三つ折りにする。

4  向きを変えて、さらに三つ折りにする。容器に戻し、パンチ終了。

5  ミキシングと発酵でのばされたグルテンがからみ合い、生地がしまったのが分かる。さらに30分発酵させる。

04 分割・ベンチタイム

1

パンチ後30分発酵をさせ、発酵前の約2倍の大きさになったら発酵終了。

2

スケッパーを使い、生地を1560g(ワンローフ角食パン用)1個、残りを260g(6個U字詰め角食パン、イギリスパン用)30個に切り分ける(写真では竿ばかりを使用)。

3

分割したのち、ゆるくまとめる。写真左がワンローフタイプ角食パン用、写真左下が6個U字詰めタイプ角食パン、イギリスパン用。ベンチタイムは20分。

> 第一次発酵が終わった生地は、見事なふくらみ方！このふくらみがふわふわのパンの秘訣ですね。

05 成形・ホイロ(最終発酵)

角食パン:**ワンローフタイプ**

1
1560gの生地を用意し、手粉(分量外)をふり、台に移す。

2
大きい生地のまま、上下にのす。生地が厚いため、薄くはのせない。

3
はしから巻いていく。

4
手を前後に動かし、型の幅に生地をのす。型にショートニングをぬっておく。

Part 2. 材料や作り方から見るパンのこと

5

型に入れ、温度38度、湿度85％で45分間ホイロ（最終発酵）をとる。この間にオーブンを210度に予熱しておく。

角食パン：6個U字詰めタイプ

1

260gの生地を6個用意し、上に手粉（分量外）をふり、台に移す。

2

それぞれの生地をのし、手前から巻く。

3

手を前後に動かし、棒状に25cm程度にする。

4

棒状になった生地を半分に折る。型にショートニングをぬっておく。

5

半分に折った生地を横に倒し、互い違いに型に入れる。ワンローフタイプの生地と同じ環境でホイロ（最終発酵）をとる。この間にオーブンを210度に予熱しておく。

イギリスパン

1

260gの生地を6個用意し、上に手粉（分量外）をふり、台に移す。

2

めん棒で上下にのし、手前からふんわりと巻く。

Part 2. 材料や作り方から見るパンのこと

3

巻き終わりはこれくらい。イギリスパンの山の部分となる真ん中にくる生地はやや太めに巻く。

4

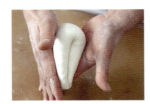

二つ折りにし、下をギュッとおさえる。型にショートニングをぬっておく。

5

輪の部分を上にして型に入れ、並べる。ワンローフタイプの生地と同じ環境で、少し長めにホイロ(最終発酵)をとる。この間にオーブンを210度に予熱しておく。

POINT

ホイロ時間は、角食パンより長くとります。生地の上端が、パン型の上端から約3cm出る程度が目安です。また、イギリスパンの成形は、上記のように棒状にのしてからたたむほかに、のしてまるめる方法もあり、また、山の数も3つや4つなどバリエーションがあります。

06 焼成

1

角食パン(ワンローフタイプ)

角食パン(6個U字詰めタイプ)

イギリスパン

ホイロの終了の目安はこれくらい。イギリスパン以外はフタをし、予熱したオーブンに入れ、40分焼く。

2

オーブンから出したら、角食パンはフタを外す。

Part 2. 材料や作り方から見るパンのこと

3

型の底を台に叩きつける動作（ショックと呼ぶ）を行い、素早く生地をとり出す。これによって、腰折れ（※）が抑制できる。とり出したあとは、ケーキクーラーなどの上で冷ます。

※腰折れ…… ケービングとも呼ばれ、焼成後のパンの側面や上面がへこんでしまうこと。

完成！

Column

生地の成形方法と食感
About Bread

パンの成形は、パンの形を作るだけではなく、気泡の形や数をコントロールし、目指す食感に仕上げることも目的のひとつです。食パンのケースで、食感の違いを見てみましょう。

前ページで紹介した、3タイプの角食パン2種類(ワンローフタイプ、6個U字詰めタイプ)と山形パンは、それぞれ成形方法が異なります。

成形方法の違う角食パン2つを見てみると(右下の写真参照)、スライス面の顔(気泡構造)が異なります。写真左のワンローフタイプは、ひとつの生地をのばしてまとめるだけと、成形がシンプル。成形時の気泡分割が少ないため気泡が少なく、気泡膜が厚くなります。一方、写真右の6個U字詰めタイプは成形に手間がかかります。その手間によって、気泡が多くなり気泡膜が薄くなるのです。

では、食感はどのように変わるのでしょうか。ワンローフタイプは、気泡膜が厚い分、ボソボソした食感で風味が劣ります。6個U字詰めタイプは、気泡膜が薄い分、ふんわりした軽い食感になります。こういった食感の違いが出ることから、角食パンの製造では、手間のかかる、6個U字詰めの製法がとられることが多いのです。

また、山形パンは、フタをせずに焼成するため、角食パンより生地がタテにのびます。同時に気泡もタテ長にのびるため、より軽めで引きのある食感をが生まれます。

このような食感の変化を生みだすパン作りが、製パンの現場では工夫されています。

焼き目、焼き色にも成形の方法があらわれます。写真奥がワンローフタイプ、手前が6個U字詰めタイプ。ノンスライスのものを買うときは、焼き目から製法を判断して。

写真左がワンローフタイプ。中心に向かって円になっているのが分かり、気泡も粗いことが分かる。右が6個U字詰めタイプ。細かい気泡が入り、食感はふんわりやわらか。

249

> パン屋さんを見学

パン屋さんの基本のパン作り
＜フランスパン：オートリーズ法＞

フランスパンは、ひとつの生地から
たくさんのアレンジができます。
長いバゲットは、パン屋さんのオーブンならでは。
家庭で挑戦する場合は、こね機を用意し、
分量や大きさを調整してください。

01 材料をそろえる

フランスパン14本分
（バタール3本、クッペ3本、ブール3個、
バゲット3本、エピ2本分）

フランスパン専用粉 …… 3000g
パン酵母（インスタントドライイースト）
　…… 18g
モルトシロップ …… 9g
塩 …… 60g
水 …… 2040ml

02 材料を混ぜる

1
ミキサーのボウルに、水とモルトシロップを入れる。

2
フランスパン専用粉を全量入れる。

3
ミキサーの低速で4分間こねる。

4
これくらいにまとまったら、30分ねかせる。

5

30分たつと、生地がやわらかく、のびがよくなる。

6

塩、パン酵母を入れる。

7

低速で6分こね、中速にして1〜2分こねる。温度計を生地に差し、こね上げ温度が23度になっているか確認する。

Check POINT

下の写真のように、こねる工程が終わった生地は、こね方が少ないわりに、厚い膜状にのびる。

オートリーズ法って?

材料を一度に混ぜず、上記のように水とモルトシロップ、粉を混ぜ、生地を30分ほど休ませてから、ほかの材料と混ぜる方法のこと。フランスパンの気泡を少なく仕上げたい場合、ミキシングは少なめにするが、それでは生地ののびが悪い。それをこの方法でカバーできる。

03 第一次発酵・パンチ

1

番重など大きな容器に入れ、27度で90分間、第一次発酵をとる。第一次発酵が終わったら、生地に指を入れ、発酵の状態を確認する。

2

指を入れた跡が、早めに戻る場合は、強めにパンチを行う。手粉（分量外）をふった台に移し三つ折りにする。

3

方向を変え、さらに三つ折りにし、上から押す（強めのパンチ）。再度45分発酵させる。

04 分割・ベンチタイム

1

パンチ後45分発酵させたら発酵終了。

2

スケッパーを使い、生地を350gずつに切り分ける(写真では竿ばかりを使用)。

POINT

パン作りでは、生地のこね上げ温度が高すぎたり低すぎたりすると、発酵に影響が出てしまいます。そこで、生地を作る際の水温管理が大切。夏場は冷水、冬場はぬるま湯と、その日の気温や室温に合わせて、水温を調整しましょう。

3

分割したのち、ゆるくまとめる。写真上はバタール・クッペ用、写真中央はバゲット・エピ用、写真下はブール用。ベンチタイムは30分。

POINT
フランスパンの生地はこねる回数が少ないため、のびが悪く壊れやすい。そのために、ベンチタイムはほかのパンより長め。

05 成形・ホイロ（最終発酵）

バタール・クッペ用

1

手のひらを使い叩くようにして、生地を横長にのす。

2

手前から奥に、半分に折る。

3

奥から手前にもう一度半分に折り、芯を作る。

4

手のつけ根で生地をしめるようにして棒状に成形する。手を前後に動かし、バタールは42cm、クッペはバタールよりも短めにのす。

手の使い方に注目!
生地を成形するときは、上から押さずに、手のつけ根で生地の表面をピンと張るようにします。手のひらを使ってしまうと、生地がつぶれてしまうのでNG。

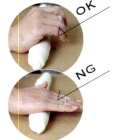

5

キャンバス地に閉じ口を下にして置く。温度27度、湿度75％で80分ホイロ（最終発酵）をとる。

プール用

1

手のひらで生地全体を丸くのす。

2

手前から奥に二つ折りにし、さらに横半分に折り、四つ折りにする。

3

生地をまとめ、台の上で生地を手前にずらす動作を繰り返し、生地を成形する。

4  強力粉(分量外)をふったバヌトン(発酵カゴ)に生地を入れる。バタールと同じ環境でホイロ(最終発酵)をとる。

バゲット・エピ用

1  手のひらを使い、生地を横長にのす。

2  生地を奥から手前に二つ折りにする。

3  さらに手前から奥に二つ折りにする。

4

手のつけ根を使い、手前に生地を巻き込むようにし、芯を作る。これを2回繰り返し、棒状に成形する。

5

手を前後に動かし、72cmまでのす。

6

キャンバス地に閉じ口を下にし、置く。バタールと同じ環境でホイロ(最終発酵)をとる。

Part 2. 材料や作り方から見るパンのこと

06 クープ入れ・焼成

1

バタール
クープを3本入れる。

2

クッペ
クープを2本入れる。

3

ブール
バヌトンを裏返して生地を出し、クープを4本入れる。

4

バゲット
クープを7本入れる。

POINT
クープナイフの持ち方
生地に対して斜め45度にナイフを入れます。斜めにナイフを入れることが重要で、これによってクープが美しく開きます。

5

エピ
ハサミの刃を斜めに入れ、左右に倒すようにして成形する。

6 210度に予熱したオーブンに霧吹きでスチームを入れる。そこに生地を入れ、約30分焼く。(パン屋さんでは、スチーム機能のついたオーブンを使用することが多い、また、焼成の温度はオーブンによって異なる)

オーブンのなかで、クープがさけて…

Part 2. 材料や作り方から見るパンのこと

完成！

パンの図鑑 ミニ
Knowledge of Bread

Part 3
パンに まつわる エトセトラ

Part 3. パンにまつわるエトセトラ

パンをおいしく食べるコツ

粉、パン酵母、水、塩だけで作ったリーンなパンと、
砂糖やバターを加えたリッチなパンでは、
扱い方のコツが変わります。

切り方

切り方によっては見た目はもちろん、食感も損なってしまいます。
素材に合わせた切り方をすれば、よりおいしくいただけます。

●生地をつぶさぬよう注意

＜クロワッサン・デニッシュ＞

生地の繊細な層が崩れないよう、刃をそっと当て、ゆっくり大きく切るようにします。また、包丁をタテに入れ、垂直方向に切ると、層の重なりをより楽しめる切り口となります。

＜山形食パン＞

山形食パンは食パンの下の部分が手前にくるように倒し、寝かせてスライスすると山がつぶれにくく、厚さも均等に切りやすくなります。

※焼きたての場合

リーン、リッチに関わらず、焼きたてのパンはデンプンの流動性が高く、スライスするとクラムがつぶれてしまいます。冷ます時間はパンの大きさや種類により異なりますが、食パンの場合は、2時間程度放冷してから切ります。

●気泡の向きにも気をつけて

＜バゲット、バタールなど＞

クープの割れた部分に刃を当てて切れば、ナイフの刃が引っ掛かるので切りやすくなります。

＜フランスやドイツなどの小型パン＞

水平方向に切ると、丸い気泡面が出るため、歯切れがよくなります。（詳しくはp.194参照）

＜ライ麦パン＞

なかの穀物が刃につくので、切るたびに刃を拭くと断面をきれいに保てます。

パン切りナイフがあると便利！

カンパーニュなどの大型パンを切るときや、きれいにパンを切りたいときは、パン切りナイフがおすすめです。波打った刃がパンの生地にひっかかり、スッと切れます。また、ナイフの刃をコンロなどで少し温めてから切ると、よりパンが切りやすくなります。

大きさは、自分がよく食べるパンよりも、刃渡りが長いものを選びます。少し重みのあるナイフの方が、安定感があって扱いやすいでしょう。

温め方

温め方も食感を大きく左右します。
トースターや電子レンジを上手に使いましょう。

●温める時間は短かめに

リッチなパンは、バターや卵が焦げるのを防ぐため、アルミホイルに包みトースターで短時間温めます。また、電子レンジを使用してもOKですが、ゴム状の食感になりやすいので、温めすぎに注意しましょう。

●霧吹きの用意を忘れずに

リーンなパンは、一度霧吹きを吹いてから温めれば、クラムがしっとり、クラストはパリッと仕上がります。冷えたままのトースターで温めると、庫内の温度が上がりきる前にパンがパサパサになってしまうので、必ず事前にトースターを温めておきましょう。

●場合によってレンジを使って

切らずに冷凍した場合は、事前に電子レンジで温めます。レンジで少し温め、解凍してからトースターで焼けば、トーストする時間が短くなり、クラムが温まる前に焦げるのを防ぎます。

食べやすい大きさで冷凍した場合は、霧吹きを吹いてから、温めておいたトースターへ。

保存方法

すぐに食べられないパンは冷凍保存をしましょう。
冷凍したら1カ月を目安に食べきって。

●種類によってはラップをして

購入した日に食べきれない場合は、冷凍をしましょう。小型のものはひとつずつラップでくるみ、密封できる冷凍バッグに入れて、冷凍庫へ。クロワッサンなどデニッシュタイプは層がはがれやすいので、ラップで包まず、数個ずつ密封できる冷凍バッグに入れます。

●2日以上の保管は冷凍庫がおすすめ

バゲットなどは、翌日までに食べ切れるようであれば、購入時に入っている紙袋に入れておきます。紙袋の上からふきんなどをかけておけば、乾燥の防止に。また、パンが完全に冷めたら、ビニール袋に移しかえると、より乾燥を防げます。空気にふれないよう、口はきちんと閉じておきます。翌日以降の保管には、リッチなパンと同様に冷凍庫へ。

ライ麦パンは、ライ麦粉が5割以上配合されてる場合、通気性のいい袋などに入れておけば、2〜3日は味を損ないません。それ以上保管する場合は、バゲットなどと同様に冷凍庫へ。食べるときは自然解凍がおすすめです。

パンの歴史

古代のパン

<紀元前6000年頃 メソポタミア>

　パンの起源は、紀元前6000年頃。小麦を粉にして水を加え、薄く焼いたガレットを食べるようになったといわれ、これが無発酵パンのルーツとされます。

　また、小麦粉はそれよりさかのぼり、紀元前8000年頃、メソポタミア文明の発祥の地で、栽培が行われていました。

<紀元前3200〜200年 古代エジプト>

　この頃になると、古代エジプトにパンが伝わりました。パンを作る過程で、ひと晩放置していた無発酵のパン生地に、偶然、野生の酵母がついてふくらみ、それを焼いたところ大変おいしかったことが、発酵パンの誕生のルーツ。これを人々は「神からの贈りもの」として喜んだといいます。

<紀元前735年〜5世紀 古代ローマ>

　その後パンの製法は、古代エジプトから古代ギリシャ、古代ローマへと伝わります。ローマ帝国の繁栄とともにパンの文化も広まり、ローマ市内には、254軒ものパン屋さんが軒を連ねました。パン屋さんは組合を作り、また、パンの学校や国営のパン工場もでき、パン職人の地位が向上。また、技術によってパンの大量生産が可能になったのです。

　ローマのポンペイ遺跡からは、麦を挽いた臼やパンを焼く窯が発見されており、今も残っています。

紀元前6000年頃に作られた、無発酵パンを起源に、
パンの歴史は長く、人々の生活に密着して、広がりました。
古代ヨーロッパから、現在に至るまでの流れを見てみましょう。

ヨーロッパのパン

<5〜12世紀>

　パンは、ローマ帝国が滅亡する頃には、ヨーロッパ全土にキリスト教とともに広まり、その技術は、教会や修道院などで引き継がれていました。12世紀頃、食べるパンの色は社会階級を表わし、富裕層はふるいにかけた粉を使った「白パン」を食べ、一般の人はふるいに残った粉で作った「黒パン」を食べていたといいます。

<14〜17世紀>

　この頃にはイタリアでルネッサンスがおこり、パンの技術が大きく飛躍。16世紀には、フランス王家とイタリアのメディチ家の婚姻によって、パン職人がフランスに渡り、17世紀になると洗練されたフランスのパンが完成することになります。

　また、この頃マリーアントワネットが、オーストリア・ハプスブルグ家からフランスに嫁ぎ、クロワッサンを伝えたといわれています。

その他のエリアのパン

<アメリカ>

　アメリカにはヨーロッパからの移民が渡り、各国のパンの文化が持ち込まれました。長い年月を経て、それらが融合され現在に至ります。1493年にコロンブスがアメリカ大陸で発見したとうもろこしと

ヨーロッパのパン文化が融合してコーンブレッドができたといわれており、現在に至るまでアメリカの家庭で親しまれています。

＜中国＞

中国では古くから蒸すという調理法が多く使われ、小麦が伝わったときも、蒸して調理されました。発酵させた生地を蒸したものは、蒸餅（チョンピン）と呼ばれています。

日本のパン

＜紀元前200年頃 弥生時代＞

中国から日本に小麦が伝わったのは、紀元前200年頃の弥生時代。当時の人は小麦粉を水でといて焼き、煎餅のようにして食べていました。その後、806年に中国から前述の蒸餅が伝わり、蒸しパンとして食べられていたのです。

＜16〜17世紀 戦国時代〜江戸時代＞

16世紀になると、ポルトガルから、キリスト教とともに発酵パンが伝わります。江戸時代になると鎖国令が敷かれ、パンも禁止に。再び日の目を浴びるのは、江戸時代末期。イギリス人と戦う兵士用に乾パンのようなものが作られ、ドーナツ形をした乾パンを腰から下げ、万が一に備えたといいます。

＜1860年代 横浜開港＞

西洋のパンが本格的に作られるようになるのは、横浜開港がきっかけ。日本ではじめてのパン屋さんができ、西洋人向けにイギリスパンやフランスパンが焼かれ、またこの頃から、日本人の嗜好に合ったパンが研究されるようになりました。その流れで開発され、大人気となったのがあんぱん。特に明治天皇に献上するために作られた「桜あんぱん」は、今なお人気を博しています。

<1940年代〜 戦後〜現代>

　第二次世界大戦後、アメリカから大量の小麦粉が届き、学校給食ではコッペパンが配給されました。その後、量産型のパン工場が次々とでき、パンは日本に一気に浸透。米に次ぐ、主食の地位を築きました。

　以降、独自の菓子パンや総菜パンの進化、またフランス、ドイツなどの欧米パンの導入が進み、現在では、世界中のパンが手に入る大変恵まれた環境になりました。

Column
part2
ヨーロッパのパン事情

日本ではまだなじみの薄いライ麦パンですが、
ヨーロッパンでは、専門店があるほどポピュラー。
どのように食べられているのか、オーストリアの例を紹介します。

　独特の酸味と歯応えのあるライ麦パンは、栄養が豊富で腹持ちがよいので、朝食にも小腹がすいたときにもピッタリです。ドイツやオーストリアなどでは、オープンサンドとしても好まれています。

　オーストリアのウィーンにある有名なカフェでは、ライ麦パンを使ったサンドイッチが人気。パンはミッシュブロート1種類のみで、ショーケースにはカラフルなトッピングがのったオープンサンドが並んでいます。トッピングは、卵やツナ、ベーコンなどをペーストにしたものが定番。どれもトッピングの味がミッシュブロートの風味と食感にマッチし、次から次へと売れ、早い時間に売り切れてしまうものもあるほどです。

店内に入ると、ミッシュブロートの香ばしい香りが。色とりどりのオープンサンドが並び、食欲をそそる。手のひらサイズで小ぶりなので、数種買う人が多い。

パンの図鑑
Knowledge of Bread

パン作りの用語集

パンを楽しむうえで、その製法などを知っておくと、その奥深さが分かります。レシピを見るときにも参考にしてください。

（あ）

アンダーミキシング

ミキシング（こね）不足の状態。手ごねの場合になりやすく、生地中のグルテンの形成が不十分なため生地ののびが悪く、ふくらみの悪いパンと

なる。

イースト

☞パン酵母（p.283参照）

インストアベーカリー＝オーブンフレッシュベーカリー

製パン工房を併設した店のこと。特に、スーパーマーケット内のオーブンフレッシュベーカリーはインストアベーカリーと呼ばれる。生地作りから焼成まで行うスクラッチベーカリーと、工場から運ばれた冷凍生地を用いて焼成のみ行うベイクドオフベーカリーがある。どちらも焼きたてのパンが手に入る。

えきだねほう（液種法）＝ブリュー法

水にパン酵母（イースト）や砂糖を加えた液体ベースの液種を作り、これをノータイム法の生地のミキシング時に

加える製法。ノータイム法で作ったパンの発酵の香り、風味などを改善するための製法だが、ストレート法や中種法に比べると風味や香りに乏しく、あまり普及していない。

オーバーナイトなかだねほう（オーバーナイト中種法）

中種法の一種。中種を先に作り、前日からひと晩かけて冷蔵庫で発酵させ、当日の製パン作業を本ごねからスタートさせる製パン法。酸味が出やすく、約10時間の発酵に耐えさせるために水、パン酵母（イースト）の量、こね上げ温度など調節が必要となる。生地の安定性はあまり高くないため、最近はあまり使用されていない。

オーバーミキシング

ミキシング過剰の状態。一度できた網目状のグルテン構造が、必要以上に引きのばされる（または切れる）ため、生地の弾力性が低下してべたついてしまう。ただし、これは機械で作る場合で、手ごねの製パンでは、ほとんどオーバーミキシングの心配はない。

（か）

ガス抜き

☞パンチ（p.284参照）

きゅうすいりつ（吸水率）

粉に水を加えてこねる場合に、必要な水量の割合。小麦粉の質、その他の材料の使用量、こね方や生地温度によってもかなり違いがある。目的に合った吸水量がパン作りでは重要で、それを判断するためには、経験を要する。

クープ

窯入れの直前に、生地の表面にナイフで入れる切れ目のこと。切れ目の上部と下部

では、焼成のときの温度上昇が変わる。クープを入れた下の部分の生地は温度上昇が穏やかなため、ゆっくりふくらむ。これにより、きれいな模様が入る。バゲットをはじめハード系のパンに施す。

クラスト

皮、表皮、耳ともいう、パンの外皮のこと。焼きたては乾燥してもろく、時間が経つと、クラムの水を吸ってゴム状になる。また、包装をせずに長時間置いておくと硬くなる。

クラム

パンの中身のこと。おいしいクラムは焼きたてがしっとりし、モチモチ、シコシコした食感。気泡の入り方により、食感が変わる。このクラムの気泡は、製パンの作業時に左右される。

グルテン

小麦粉に含まれるグリアジンとグルテニンという、タンパク質が水と混ざることで形成される成分。弾力性と粘着性がある。生地がのび、ふっくら焼き上がるのはこのグルテンのおかげ。なお、グルテンを作るタンパク質の含有量によって小麦粉は名前が変わる。多い順に、強力粉、準強力粉、中力粉、薄力粉。

こねあげおんど（こね上げ温度）

ミキシング直後の生地の温度。温度計を生地に差してはかる。こね上げ温度は、生地中の発酵に大きな影響を及ぼすため、パン酵母（イースト）が最も活動しやすい温度にする。パンの種類や製法によって変わるが、標準的な温度は27〜28℃。室温や使用する水の水温によってこね上げ温度が変わるので調整

が必要。

(さ)

さいしゅうはっこうしつ (最終発酵室) ＝ ファイナルプルファー

最終発酵(ホイロ)を適切に行うための、温度と湿度を管理できる機械。一般的に内部は温度38℃、湿度85％で管理され、生地に応じて調整できる。この機械をホイロと呼ぶこともある。

さかだねほう (酒種法)

古くから伝わる日本特有の製法。米麹を使って酒種を起こす。菓子などで使用されていた製法を、明治2年に現在の木村屋總本店が「酒種あんパン」を考案した際、はじめてパンに使用した。以降、パン酵母(イースト)が伝わるより前、あんパンやクリームパンなどの菓子パンに用いられていた。皮が薄くてやわらかく、老化の遅いパンができるのが特徴。

サワーだねほう (サワー種法) ＝発酵種法

酵母や乳酸菌を多く含んだ初種を起こし、それをもとに生地を作る方法。サワー種は乳酸菌の活性が高いた

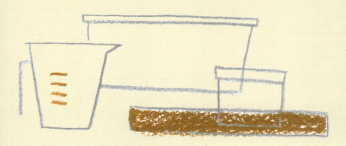

め、酸味と独特の風味がある。
ドイツパンの酸味はこの製法
によるもの。

じかごねほう（直ごね法）
☞ストレート法

じかやき（直焼き）
型や天板を使わず、窯の焼
き床の上に直接生地を置い
て焼くこと。このような方法
で焼いたパンを、「直焼きパン」
または「ハースブレッド」という。

しょうげんりつ（焼減率）＝焼成ロス
パン生地の水分がオーブ
ンで焼くことで、どれだけ減っ
たかを表す数字。単位は％。
パンの焼成の程度を判断す
る目安となり、パンの種類に
よって理想的な数値がある。
角食パンでは、10〜11％。

しょうせい（焼成）
生地をオーブンに入れて焼

くこと。焼成中に窯のびし、
クラストの形成と着色、火通
りなどがおこり、パンの品質
が決定される。製パンにおけ
る最も重要な工程といえる。

スクラッチベーカリー
生地作りから焼成まで、す
べての製パン工程を行ってい
るパン屋さんのこと。

すだち＝きめ立ち、グレイン
クラムの気泡構造。パンを
切ったときに断面に見える気
泡のあと（顔）のこと。気泡の
大きさ、形、分布状態など、
パンの種類によって「よい」と
される状態は異なる。

ストレート法
すべての材料を一度にミキ
シングする製法。最も基本的
な製法で、家庭での製パンで
は、この方法が用いられるこ
とがほとんど。工程は、ミキシ

ング→第一次発酵（途中で
パンチ）→分割・まるめ→ベン
チタイム→成形→最終発酵
→焼成と進む。

生地の発酵具合の調整が
難しく、材料の品質や配合の
わずかなずれが製品に影響
する。また、製品の老化が早
いという欠点がある。しかし、
生地自体の風味がよく、原材
料の個性がパンにあらわれや
すい、弾力がありもっちりした
パンができるなど、味わいの
面で大きなメリットがある。

スポンジ法
☞中種法(p.282参照)

せいけい（成形）
ベンチタイムのあと、生地
を最終的な形に整えること。
形だけでなく、気泡の入り具
合による食感の違いなど、目
指すパン生地の状態にする
ための重要な工程。手による
成形と機械による成形があ
る。

（た）

だいいちじはっこう
（第一次発酵）＝生地発
酵
ミキシングした生地を分割
するまでに行う発酵。発酵中
にパン酵母（イースト）が炭酸
ガスを生成し、気泡に蓄積さ
れ、その気泡が膨張して生地
がふくらむ。これによってグル
テンの伸展と絡み合い、生地
の伸展性が高まる。また、パ
ン酵母や乳酸菌によって、パ
ンの香り、風味が生まれ、パ
ンのよしあしを決定する大切
な工程。一般的な発酵の環
境条件は、温度27℃、湿度
75％。

第二次発酵
☞ホイロ(p.284参照)

281

たねおこし（種起こし）

野生の酵母を発酵源とするとき、野生の酵母を製パンに適するまで増殖させる作業。手間ひまと経験が必要。

てごな（手粉）＝うちこ（打ち粉）

パンの生地をのばしたり、成形するときに、生地がつかないように台の上や手、めん棒にふっておく粉のこと。使いすぎると生地が硬くなってしまうので注意が必要。一般的には強力粉を使う。

（な）

なかだねほう（中種法）＝スポンジ法

パン酵母を使用した、発酵種法の一種。材料の小麦粉、パン酵母、水を使って発酵種を作り、それを中種として使用する製法。工程は、中種ミキシング→中種の発酵→生地ミキシング→フロアータイム（短時間発酵）→分割・まるめ→ベンチタイム→成形→最終発酵→焼成と進む。

中種は4時間ほどかけて発酵させ、使用する小麦粉は、使用小麦粉全量の70％が一般的。この中種種をスポンジと呼ぶので、スポンジ法ともいう。

ストレート法に比べ、手間はかかるが、その分生地はやわらかくなり、ボリュームのあるソフトな食感に仕上がる。また老化も遅いため、大量生産の大手製パン工場で主流の製法。

ノータイムほう（ノータイム法）

ストレート法の一種。製パンにかける時間を大幅に短縮するために、パン酵母（イースト）や酸化剤を多く加え、第一次発酵を0〜30分ですませる。ミキシングを最大限

に行うことがポイント。ストレート法に比べると、クラムのきめが細かく、ソフトな食感になる。しかし発酵時間が少ない分、風味や香りは劣る。

（は）

はっこうだねほう（発酵種法）

材料の一部を使って発酵種を作り、それを残りの材料とミキシングして生地を仕上げる製法の総称で、中種法、サワー種法などもこれにあたる。種を作る前工程のないストレート法に比べ、発酵種を作るのに手間はかかるが、発酵種によるさまざまな特徴が、生地とパンに反映される。

バッター

通常の生地よりも、水分が多く、流動性が高くドロドロした生地。ストレート法の場合でも、先に粉の一部を使用

し、このバッターを作っておくことで、あとから加える粉がスムーズに混ざり合う。

はつだね（初種）＝起こし種、元種、スターター

サワー種に有効な酵母、乳酸菌などを増殖させたもの。サワー種の第一段階。

バヌトン

ブールやカンパーニュなど、フランスの大型パンを発酵させるためのかご。手粉をふって生地を入れて使用する。そのため、バヌトンに入れて発酵させた生地には、かごの線がつき、焼き上がったときの模様となる。

パンこうぼ（パン酵母）＝イースト

製パンに適した酵母のこと。糖蜜を栄養源に通気培養される。培養したものを圧搾したものは生イーストと呼ばれ、

283

乾燥したものはドライイーストと呼ばれる。パン酵母はパン生地中で糖類を発酵し、二酸化炭素、エタノール、また、微量のエステルなどの香気成分を生成する。パンのふくらみ、食感、香り、風味全てにおいて、パン酵母は不可欠な働きをする。

パンチ＝ガス抜き

発酵中に、生地を折りたたむ、上から押すなどして、生地の弾性を高めるために、グルテンを絡めることを目的とする作業。ゆえに、生地の弾性をどの程度高める必要があるかによって、折りたたむ強さを変える。また、気泡数を増加させる働きもあり、どの程度気泡の入ったパンにしたいかで、パンチの強度を調整する。

ベンチタイム＝ねかし

分割してまるめた生地を、

しばらくおいて休ませること。まるめたあとの生地は、グルテンの絡み合いによってのびが悪くなっているので、成形しやすいように、のびやすくする目的がある。第一次発酵と同じ温度と湿度で行うのがよい。ベンチタイムが不足すると、生地はのびが悪く、切れやすくなる。生地の性質やまるめ方によって適する時間は変わり、一般的に中種法で15〜20分、ストレート法で20〜25分、ストレート法のフランスパンの場合は30分が目安。

ホイロ＝最終発酵、第二次発酵、ファイナル・プルーフ

成形のあと、窯入れ前に行う発酵の工程。焼成時に理想的な窯のびおよび火通りをするための重要な工程。高温多湿の環境が必須条件であり、温度38℃、湿度85〜90％が一般的。フランスパン

のような直焼きパン、あるいはデニッシュペストリーのように融点が低い油脂を使用する場合は、温度27℃、湿度75％が一般的である。家庭でこの環境を作るためには、大きな容器に入れて行うとよい（詳しくはp.234参照）。

ポーリッシュ法＝
小麦粉液種法

　発酵種に同量の粉と水を加え、ポーリッシュ種（小麦粉液種）を作ってから、残りの材料をミキシングする製法。アメリカで、液種法の欠点をカバーするために用いられた。一般的に、種の水分と小麦粉の量は同量。小麦粉の量によって製品の仕上がりは異なるが、発酵による香り、風味、食感が高いパンが焼ける。

(ま)

ミキシング＝混捏（こんねつ）

　製パンに必要な材料を混ぜ合わせ、こね上げ、生地に仕上げる作業のこと。材料を混ぜ合わせることで、小麦粉と水によりグルテンが形成される。これをこね上げることで、生地にのびとやわらかさが生まれる。また、こね上げ中に生地に空気が抱き込まれることで、生地中の気泡構造ができる。このように、パン生地の性質が決定されるための重要な工程。

　ストレート法のように、生地の発酵を長く行う場合は、ミキシングを少なめにし、逆に、中種法やノータイム法のように短時間の生地発酵（フロアータイム）の場合は、ミキシングを多くする。

元種

☞初種（p.283 参照）

（や）

焼き型＝パン型

　パン生地を入れて焼く金属製やシリコン製の型のこと。食パン型（食型）、ブリオッシュ型、クグロフ型、コロネ型など、パンに合わせて使い分ける。

（ら）

リーン

　粉、パン酵母、水、塩を基本材料として、砂糖、油脂、卵、乳製品などの副材料はほとんど含まないシンプルな味わいのパンのこと。代表例はフランスのバゲットなど。「リーンなパン」などと呼ばれる。

リッチ

　リーンなパンに対し、粉、パン酵母、水、塩の基本材料に、砂糖、油脂、卵、乳製品などの副材料を多く含んだパンのこと。代表例はフランスのクロワッサン、ブリオッシュなど。「リッチなパン」などと使う。

リテールベーカリー

　製造と販売が同じ店内で行われる、一体型のパン屋さんのこと。

ルヴァン

　「発酵種」という意味の仏語。野生の酵母を使用した発酵種をルヴァン・ナチュレという。

ろうか（老化）

　時間がたつことで、パンがパサパサする、硬くなる、風味や味が低下するなどの現象。糊化したデンプンが、老化するために起こる。一般的に、油脂、砂糖、卵などを多く含んだパン、中種法で作ったパンは老化が遅いという傾向がある。パンは5℃前後で最

大に老化が進み、パンを冷蔵すると急速に老化する。また、老化を遅くする添加物の総称を老化防止剤という。

ろうめんほう（老麺法）＝古生地法

あらかじめ作った、十分に発酵した生地を発酵種として、新しいパン生地を仕込む製法。多くは前日の生地を用いるため、古生地法ともいわれる。独特の酸味があることが特徴。

SHOP LIST

パン協力
＜p.14-191＞(五十音順)

アンデルセン
日本ではじめてデニッシュペストリーを販売したベーカリー。デンマークの暮らしをお手本に、パンのある豊かな生活を提案している。ヨーロッパを源流とする本格パンがそろう。

https://www.andersen.co.jp/

イータリー代官山
トリノ発祥、日本最大級のイタリア食材店。カフェでは生ハムやチーズのパニーノが味わえる。
※2016年12月現在、イータリー代官山は閉店。パンのお取り扱いはございません。

https://www.eataly.co.jp/

紀ノ国屋インターナショナル
ヨーロッパやアメリカ、アジアなど世界各国でパン作りを学んだ職人の手による、種類豊富なパンを取りそろえる。伝統を大切にした、飽きのこない味わいが魅力。

https://www.super-kinokuniya.jp/

木村屋總本店
明治2年の創業以来、酒種あんパンやジャムパンなど、日本人の口に合うパンを考案してきた老舗のパン屋さん。銀座に本店を構える。酒種を使用したやわらかい生地の菓子パンが特に人気。

https://www.super-kinokuniya.jp/

グリューネ ベカライ
お店の名前は「緑のパン屋さん」という意味。グリューネには「未熟な」という意味も。手間と時間のかかるスイスの製パン法で、添加物を用いずにやさしい味わいのパンを焼き上げる。

http://www.ne.jp/asahi/wweg/gorey/grune.html

タンネ
ドイツパンを専門に販売。お店に並ぶパンは、ドイツ人マイスターによる手作り。伝統的な製法を守ったこだわりの味が楽しめる。季節ごとのオリジナル商品やドイツチーズも並ぶ。

https://sites.google.com/site/doitsupantanne/

トゥッカーノ
本場の味が楽しめるブラジル料理レストラン。チーズたっぷりのポンデケージョは、お店で焼き上げられる。さまざまな種類のブラジル風バーベキュー「シュラスコ」が人気。

http://www.pj-partners.com/tucanos/

トルコレストラン コンヤ
トルコ人シェフによる豊富なメニューは、どれも本格的な味わい。ピデやエキメキは、焼きたてのアツアツが楽しめる。さまざまな具材をのせたピデは、是非味わいたい一品。

http://www.konyadining.jp/

ドンク
明治38年に神戸で創業。「日本で本格的なフランスパンを」という3代目の思いを受け継ぎ、伝統的な製法、高い技術レベルを持った職人によって作られたパンが、全国のお店で味わえる。

http://www.donq.co.jp/pc/

包包 _{パオパオ}

東京、三軒茶屋の仲見世商店街内にある、中華まんじゅうのテイクアウト専門店。ショーケースには、さまざまな具材の肉まんや中華まんが並ぶ。その場で温めてもらうこともできる。

ベッカライカフェ・リンデ

吉祥寺に本店を構えるドイツパンの専門店。食事パンから菓子パン、焼き菓子にいたるまで、その種類の多さが魅力。季節限定商品も人気が高い。インターネットでも購入できる。

https://www.lindtraud.com/

ムーミンベーカリー＆カフェ

ベーカリーには、フィンランドのパンや、童話「ムーミン」をモチーフにしたかわいいパンが並ぶ。カフェが併設され、パンとともに季節の料理が味わえる。ムーミングッズも充実。

© Moomin Characters ™

https://benelic.com/moomin_cafe/

ムンバイ

東京、埼玉に複数の店舗を持つ本格インド料理レストラン。バラエティに富んだカレー、チキンや野菜のグリルは、ナンとの相性抜群。食後には、ラッシーやマサラチャイなどのドリンクもおすすめ。

https://www.mumbaijapan.com/

モルゲンベカライ

武蔵野台駅の程近くにあり、木の温もりある店内に、スイスを中心としたヨーロッパのパンが豊富に取りそろう。スイスで修行を積んだオーナーが作るパンは、風味豊かなこだわりの味。

ロシア料理 渋谷ロゴスキー 銀座本店

昭和26年に創業した、日本で最初のロシア料理レストラン。名物のピロシキや黒パンはテイクアウトも可能。ボルシチをはじめ、ロシア伝統の味わいが気軽に楽しめるのがうれしい。

http://www.rogovski.co.jp/

ロミーナ

メキシコやペルーなど、さまざまな南米料理を楽しめるレストラン。トルティージャを楽しむには、メキシカンソースを包んだタコスや肉のグリル「ファヒータ」を頼むのがおすすめ。

道具・材料協力
＜p.198-217＞（五十音順）

cuoca（クオカ）
http://www.cuoca.com/

日本ニーダー株式会社
https://kneader.jp/

馬嶋屋菓子道具店
https://www.rakuten.ne.jp/gold/majimaya/

Special Thanks
佐藤淳（p.222-263）日本パン技術研究所講師、仁瓶利夫　株式会社ドンク顧問

＜ STAFF ＞
写真／中島聡美、イラスト／谷山彩子、編集／株式会社スリーシーズン

デザイン / NILSON design studio
写真協力 / 山下珠緒

291

<監修>

一般社団法人 日本パン技術研究所
所長 井上好文

昭和30年（1955）年生まれ。東京農業大学大学院修士課程農芸化学専攻修了。昭和55年、株式会社東急フーズに入社、ベーカリー事業部にて主に製品開発を担当する。昭和64年社団法人日本パン技術研究所に入所後、2年半、カナダのマニトバ州立大学研究員として冷凍生地の製パン性について研究する。平成7年、ニュージーランド食品穀物研究所客員研究員となる。平成9年には博士号を取得する（東京農業大学農学博士）。平成14年に、日本パン技術研究所所長、翌年には同所常務理事に就任し、現在にいたる。著書に、『パンの入門』（日本食糧新聞社）がある。

マイナビ文庫

....

パンの図鑑ミニ

2018年10月31日　初版第1刷発行

監　修	一般社団法人日本パン技術研究所　所長　井上好文
発行者	滝口直樹
発行所	株式会社マイナビ出版
	〒101-0003 東京都千代田区一ツ橋2-6-3 一ツ橋ビル2F
	TEL 0480-38-6872（注文専用ダイヤル）
	TEL 03-3556-2731（販売）／ TEL 03-3556-2735（編集）
	E-mail pc-books@mynavi.jp
	URL http://book.mynavi.jp

カバーデザイン	米谷テツヤ（PASS）
印刷・製本	図書印刷株式会社

◎本書の一部または全部について個人で使用するほかは、著作権法上、株式会社マイナビ出版および著作権者の承諾を得ずに無断で複写、複製することは禁じられております。◎乱丁・落丁についてのお問い合わせは TEL 0480-38-6872（注文専用ダイヤル）／電子メール sas@mynavi.jp までお願いいたします。◎定価はカバーに記載してあります。

©Yoshifumi Inoue 2018 ／ ©3season Co.,Ltd. 2018 ／
©Mynavi Publishing Corporation 2018
ISBN978-4-8399-6775-8
Printed in Japan